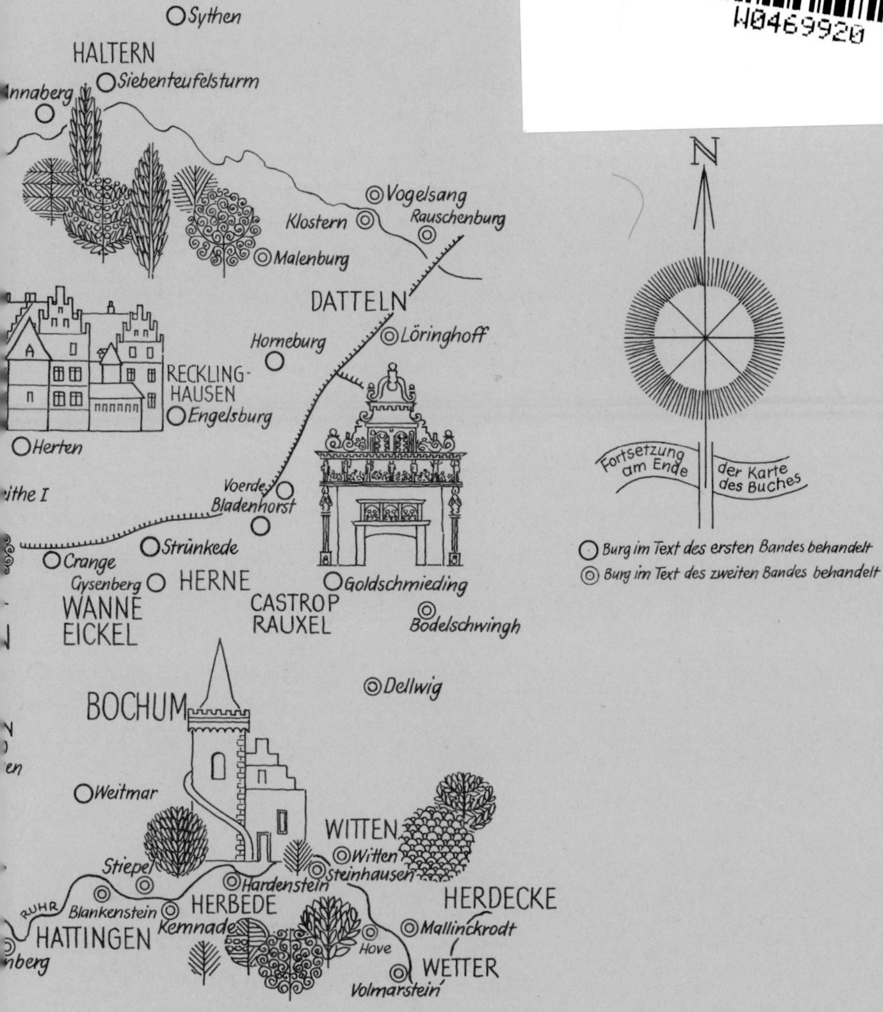
Sythen
HALTERN
Siebenteufelsturm
Annaberg
Vogelsang
Klostern
Rauschenburg
Malenburg
DATTELN
Löringhoff
Horneburg
RECKLING-
HAUSEN
Engelsburg
Herten
Voerde
Bladenhorst
Strünkede
Crange
Gysenberg
HERNE
WANNE
EICKEL
CASTROP
RAUXEL
Goldschmieding
Bodelschwingh
Dellwig
BOCHUM
Weitmar
WITTEN
Witten
Steinhausen
Stiepel
Hardenstein
HERBEDE
HERDECKE
RUHR
Blankenstein
Kemnade
HATTINGEN
Hove
Mallinckrodt
WETTER
Volmarstein
N
Fortsetzung am Ende der Karte des Buches
Burg im Text des ersten Bandes behandelt
Burg im Text des zweiten Bandes behandelt

Von Burg zu Burg durchs Ruhrgebiet

Band 1

Mercator-Bücherei Band 55/56

Von Burg zu Burg durchs Ruhrgebiet

Band 1

von Karl Emerich Krämer
Fotos von Eva Umscheid

Mercator-Verlag

Inhalt Seite

CIP-Kurztitelaufnahme der
Deutschen Bibliothek
Krämer, Karl Emerich:
Von Burg zu Burg durchs Ruhrgebiet
von Karl Emerich Krämer.
Fotos von Eva Umscheid.
Duisburg: Mercator-Verlag
NE: Umscheid, Eva:
Bd. 1 (1981)
(Mercator-Bücherei; Bd. 55/56)
ISBN 3-87463-097-8
NE: GT

2. Auflage 1982

Die Karte des Vorsatzpapieres zeichnete
Leo Nix, Düsseldorf

Gesamtherstellung: H. Oppenberg KG, Duisburg

ISBN 3-87463-097-8

Kaum bekannt – wenig genannt

Wer dem Ruhrgebiet historische Bedeutung abspricht, weiß nichts von seiner Geschichte. Welche Rolle diese Zone zwischen Niederrhein und Hellweg längst vor ihrer Industrialisierung gespielt hat, ist selten nachzulesen. Völlig Ahnungslosen hilft, sich klarzumachen, daß ihn an Lippe, Emscher und Ruhr mindestens ebenso viele Burgen wie im Münsterland erwarten. Genauere Karten weisen aus, daß es über hundert sind.

Wer versucht, sie aufzuzählen, sieht bald ein, wie wenige davon bekannt sind und wie selten sie in unseren Büchern genannt werden. Sucht man außer ihnen auch die ehemaligen Wallburgen, Motten und Kastelle zu erfassen, verdoppelt sich die Zahl der Befestigungen im Bereich der 5000 Quadratkilometer, die wir das Revier oder Ruhrgebiet nennen.

Überrascht durch die hohe Zahl, versuchten wir möglichst viele von ihnen in zwei Bänden unterzubringen und dabei auf alle Randgebiete zu verzichten, die sich heute zuweilen auch als Ruhrrevier bezeichnen. So entfiel der Niederrhein um Moers und Kamp-Lintfort wie der südlichste Streifen des Münsterlands. Selbst die Ränder des Sauerlands und des Bergischen Lands ließen sich aussparen, um Ruhr und Lenne zu lassen, was dem Revier gehört.

Wohntürme, Adelshöfe, Wasserburgen, Höhenburgen, Schlösser – die Fülle reicht von vorgeschichtlichen Fliehburgen und Römerlagern über fränkische Königshöfe und sächsische Bergfestungen bis zu Ritter- und Grafensitzen, über Renaissance- und Barockschlösser bis zur Villa Hügel, die, nicht weniger als sie, Schloß und Symbol einer Macht war.

Erstaunlicher als die Tatsache, daß es so viele von ihnen noch gibt, ist das Eingeständnis, daß wir uns bisher zu wenig um die Burgen gekümmert haben, obwohl ihre Städte und Gemeinden nicht müde werden, wenigstens an Ort und Stelle auf ihren historischen Besitz hinzuweisen. Das hat Broich, Blankenstein, Kemnade, Cappenberg und Strünkede bekanntgemacht; doch reichen meist die Gelder nicht aus, um mehr als einen kurzen Hinweis – und sei es nur ein Stichwort in einem Sammelprospekt – anzubringen. Die sonst so vielfältigen Mittel der Touristik versagen angesichts eines Fremdenverkehrs, der nichts oder zu wenig einbringt. Wanderführer, die ausführlicher werden könnten, gibt es nicht, und wenn doch, dann nur für die Randgebiete, denen die Burgen des Reviers bis auf einige Ausnahmen gleichgültig bleiben.

Ihren Kindern zuliebe fahren Gladbecker, Gelsenkirchener und Essener nach Kirchhellen zum „Märchenschloß" Beck (ohne einen Blick auf das benachbarte schlichte, gotische Haus Brabeck zu werfen); sich selbst zuliebe kehren sie in Raesfeld, Lembeck, Horst, Berge, in der Recklinghauser Engelsburg oder in Castrop-Rauxels Haus Goldschmieding ein. Hohensyburg wie Hohenlimburg sind für sie Ausflugsziele. Das hält Fremde wie Dortmunder davon ab, in Dortmunds Stadtbereich nach Haus Rodenberg in Aplerbeck, nach Niederhofen am Heisterbach oder nach Haus Wenge in Lanstrop zu sehen. Burgenfahrern, die am Unterlauf der Lippe nach Haus Schwarzenstein und der Krudenburg, nach Haus Hagenbeck oder Ostendorf fragen, geht es im Rheinischen nicht besser als im Westfälischen. Weil das Burghaus der zu Essen gehörenden einstigen Burg Achtermberg, entsprechend dem Straßenverlauf, anscheinend hinter der Gelsenkirchener Stadtgrenze liegt, weiß am übernächsten Straßeneck niemand mehr, wo Achtermberg zu finden ist.

Fehlendes Interesse und nicht vorhandenes Wissen halten einander die Waage. Was Eltern und Lehrer vernachlässigten, weil es jahrzehntelang nicht opportun erschien, sich mit der Geschichte der näheren Umgebung oder der verpönten Heimatkunde zu befassen, zahlt sich mit Unkenntnis und ratlosem Kopfschütteln aus.

Mag sein, daß die achtzehn Großstädte mit ihren ineinander übergehenden Straßen und unverhofften Stadtgrenzen die Burgensuche mehr behindern als fördern; mag sein, daß wir uns selbst von einer Burgenfahrt durchs Ruhrgebiet nicht allzuviel versprechen, weil wir zu wenig erwarten – um so gewisser bringt jede Entdeckung neue Überraschungen mit sich. Park und Gräben haben viele behalten, aber auch die kleinsten, vergessenen und völlig abseits liegenden Burghäuser und Wehrhöfe haben einen Streifen Grün und vier, fünf Bäume bewahrt. Gemeinhin sind ihre Buschinseln größer und vielfältiger, als man sich erhofft. Noch immer verteidigt das Urland seine letzten Bastionen.

So wird am Ende einer Holperfahrt bei Bladenhorst neben einem Bahndamm zwischen Wiesen und Weiden das Fachwerk des Junkernschlößchens Voerde sichtbar; so taucht unerwartet unweit des Ruhrschnellwegs zwischen Wattenscheid und Essen inmitten seiner Felder Haus Sevinghausen unter Bäumen auf. Haus Uentrop an der Ostgrenze unserer Burgenlandschaft, bereits im Schatten eines großen Chemiewerks, macht deutlich, wie weit sich die Industrie inzwischen ausgebreitet hat. Unna und der Hellweg markieren den Saum unseres Burgengebiets auf dem Weg nach Süden zur Ruhrtalstraße, die uns über Hagen und Wetter nach Witten und Werden zurückführt. Hoven, Holten, Vondern sind Burgstationen wie die Schlösser Styrum und Oberhausen, wie das Angerland mit Haus Boeckum und Kesselsberg am Südrand von Duisburg.

Eure steinerne Chronik

Wäre es uns nur darum zu tun, Burgenbilder des Steinkohlengebirges und seiner Flußniederungen zu sammeln, um ihre Geschichtsdaten tabellarisch zusammenzufassen, bliebe immer noch genügend Spielraum, Geschichte anders sichtbar zu machen. Die romantische Vorstellung, wir wären vor lauter Entdeckerfreude auf Traditionen versessen, die uns mit diesen alten Gemäuern verbinden, hat nichts mit dem Vorwurf sozialkritischer Gleichmacherei zu tun, mit der jüngste Historiker ihre Einsichten frisieren und verfälschen. Die Kulturpolitik der Ruhrlandschaft bedarf, um vor sich selbst zu bestehen, solcher Roßtäuscherpraktiken nicht. Gerade dies nicht mehr in die Romantik Eingebundensein, die Isolation durch Zweckentfremdung, dieses Zurückgeworfenwerden auf die restliche Substanz, eröffnet neue Zugänge und andere Bewertungsmöglichkeiten.

Wie fragwürdig auch die Überlieferungen sein mögen, die uns frühere Chronisten und zeitgenössische Autoren hinterlassen haben, sie setzen, ohne alle Blut- und Boden-Mystik, Maßstäbe für unsere Betrachtung. Wer keine Veranlassung hat, nach Objektivität zu fragen, muß sich mit dem zufriedengeben, was seine Vorgänger aus der Historie machten.

Unsere Burgen geben uns Gelegenheit, nach dem Warum zu fragen. Daß ihre Antworten anders ausfallen als die der landläufigen Geschichtsdarstellungen, liegt auf der Hand. An Ort und Stelle begreift sich's besser, warum Tiberius Roms Militärbasis längs der Lippe aufgeben mußte; warum die Sachsen im Kampf mit Karl dem Großen die Hohensyburg nicht zu halten vermochten, oder warum die Spanier unter Mendoza es darauf anlegten, 1598 den Grafen Wirich von Daun umzubringen. Waren die Herren von Horst wie die von Strünkede tatsächlich Raubritter, oder gab es andere Gründe, ihre Burgen zu zerstören? Wer oder was bewog die ruhrländischen Ritter, lieber nach Livland als ins Heilige Land zu ziehen? Was suchten die Wikinger an der Ruhr? Warum verheerte Germanicus ausgerechnet das Land der Brukterer so sehr vor allen anderen germanischen Völkern?

Fragen über Fragen, die sich nur klären lassen, wenn man zäh die Spuren weiter verfolgt und sich nicht mit dem Vorhandenen begnügt. Überkommene, längst überholte Darstellungen lassen ahnen, wieviel Lücken in unseren Geschichtsbüchern klaffen, je nachdem, ob sie aus kirchlicher oder parteipolitischer Sicht entstanden sind. Der Freiherr vom Stein auf Schloß Cappenberg spricht eine andere Sprache als der königliche Romantiker Friedrich Wilhelm IV. von Preußen, der so sehr darauf aus war, den Steinernen Schatz von Schloß Horst in Gelsenkirchen an sich zu bringen.

Burgen sind steinerne Chroniken, die den Geist der Vergangenheit bewahren. Mehr als die taktischen Probleme bei der Anlage beeinflußte die Kriegstechnik ihre endgültige Gestalt; ausschlaggebender als die Beschaffenheit des Bodens waren Macht und Reichtum ihrer Besitzer. Je früher der Schwertadel bei seinen endlosen Feld- und Kreuzzügen Sohn um Sohn verlor, um so fester saßen seine Verwalter, Vögte und Droste im Sattel. Heute noch läßt sich's an ihrem weitverzweigten Besitz ablesen, wie gut sie ihre Chancen zu ihrem Vorteil genutzt haben, gleichgültig, ob sie einem Fürstbischof, Kurfürsten oder Herzog dienten.

Bis auf Kaiser und Könige lassen sich nur wenige Stammbäume zurückführen; Sattelmeier waren hier nicht zu Hause. Dafür soll der Zwergenkönig Goldemar vor dem Zorn Siegfrieds zur Burg Hardenstein bei Herbede an der Ruhr geflohen sein, sollen die Nibelungen auf ihrer Todesfahrt ins Heunen-Hünen-Land in Dortmund gerastet haben. Nevelinge gibt's hier viele.

Nimmt man die Sagen und Legenden zu Hilfe, tut sich eine Wunderwelt bizarrer Geistesgeschichte auf: halb Verstummtes, halb Wahres, vieles, was Zeit, Raum und Erzählende entstellt haben. Manches erscheint so ruinös wie manche Burgen, denen wir begegnen. Daß sie dennoch zu dieser Landschaft gehören und ihr historisches Bild ergänzen – wer wollte es bezweifeln angesichts der Fülle, die sich vor uns ausbreitet, angesichts der versunkenen Handels- und Heerstraßen, die uns wie auf Geisterpfaden von Ort zu Ort führen.

Die Widersprüche decken sich selbst auf; die Rätsel bleiben jeder Deutung offen.

Nicht selten erinnern die alten Bauten an alte Menschen, die es aufgegeben haben, zu lügen oder schön zu tun. Nach zwei Jahrhunderten fortwährender Bedrohung durch Bodenschätze und Unternehmergeist, die oft genug die Industrie bemüht haben, um die ihnen lästig gewordenen Erinnerungen an die historische Vergangenheit loszuwerden, geben die Burgen des Ruhrgebiets immer noch Auskunft über das Woher und Wohin, nicht zuletzt, weil Männer wie Harkort, Thyssen, Stinnes oder Krupp sie vor der Zerstörung bewahrt haben. Das macht sie für die Gegenwart trotz aller Vorbehalte brauchbarer als manches durch den Fremdenverkehr romantisch verklärte Wasserschloß, das sich diesseits oder jenseits des Ruhrgebiets der Gunst des Publikums erfreut.

Übergänge und Beiwege

Noch immer verstellt uns die Begeisterung für den römischen Straßenbau den Blick für die Eigenleistungen der zwischen Ruhr und Lippe ansässigen Völker, die durchaus in der Lage waren, eigene Wegeverbindungen und nicht nur Knüppeldämme wie die herzustellen, die den Soldaten des Generals Cäcina auf der Flucht vor den Brukterern das Leben retteten. Ein Beweis dafür sind die in vorgeschichtlicher Zeit bereits befestigten Übergänge von Rhein und Ruhr, vom Mauspfad zum Hellweg. Selbst die Zwischenstationen, die im offenen Land „Start und Ziel" stets gradlinig miteinander verbanden, bezeugen das höhere Alter dieser zwar nicht so perfekt ausgebauten, aber jedenfalls nicht römischen Straßen.

Das ehemalige Gut **Kesselsberg** in Duisburg-Huckingen lag an einem Angerübergang in einem alten Rheinkendel, von dem aus ein zweiter vorgeschichtlicher Weg zur Ruhr nach Saarn abbog. Eine Straßenverbindung zum linksrheinischen Römerkastell Gelduba (Gellep) läßt sich erst später nachweisen. Als Einsatzbasis der Brukterer, die sich vom rechten Rheinufer aus 69/70 n. Chr. am Aufstand der Bataver beteiligten und ein römisches Getreideschiff kaperten, wird der Platz an der Anger(a) = Wiesenbach bei Tacitus zwar nicht erwähnt, doch läßt ein Blick auf die Karte der Gemarkung Ungenham keine anderen Rückschlüsse zu. Warum der hochwasserfreie Edelhof vor dem Waldfried während der Frankenzeit unerwähnt bleibt und erst nach 1300 wieder in den Geschichtsbüchern auftaucht, muß ungeklärt bleiben, solange die Duisburger Geschichte nicht neue Unterlagen beibringt. 1313 verkaufte Graf Heinrich von Westerholt dem Ritter Engelbert von Bottlenberge neben einigen anderen Gütern bei Serm auch die Hofesfeste Kesselsberg, deren Wohnturm wohl auch der nächsten und übernächsten Generation als Herrenhaus diente. 1361 mußte Wymer von Bottlenberge den Zehnten seines Hauses mit dem Lambertusstift in Düsseldorf teilen. Nach 1588 nennen sich seine Besitzer nur noch von Bottlenberg, genannt Kessel. Ein Rütger ihres Namens löste im gleichen Jahr mit 800 Reichstalern die Pacht ab. Mitglieder ihrer protestantischen Familie, die Schloß Hackhausen und Haus Graven bei Ohligs wie Schloß Neuenhof bei Lüdenscheid erwarben, verkauften ihren 600 Morgen großen Besitz dem Freiherrn und Generalleutnant von Romberg, der 1801 als Gouverneur von Stettin sein Gut den Grafen Spee überließ. Heute ist dem als Bauhof dienenden Turm mit seinen

Haus Kesselsberg in Duisburg-Huckingen

Anbauten nicht mehr anzusehen, daß Kesselsberg mehr als eine D-Bahnstation und mit Backhaus, Weiher und Mühle als Rittergut mindestens so rentabel war wie seine großen Nachbargüter.

Haus Remberg, mit seinen 324 Morgen Land, gelangte 1654 über die von Nesselrode, von denen zu reden wir später noch die Ehre haben werden, an Friedrich Christian von Spee, der mit seinem Abschied vom kurbrandenburgischen Heer des Großen Kurfürsten auch Abschied vom Protestantismus nahm, um als Herr auf Heltorf am Düsseldorfer Herzogshof Karriere zu machen. Von Rembergs adeliger Vergangenheit blieb außer dem Grabengeviert nichts erhalten.

Als Maria, die Witwe Johanns von Bawyr, 1649 den abgedankten Hauptmann Friedrich Christian von Spee heiratete, wurde die Hochzeit auf der nahen, ebenfalls in Hukkingen liegenden **Wasserburg Boeckum** gefeiert. Merkwürdigerweise wird die Burg, die Turm und Tor behalten hat, vor 1636 nicht erwähnt, obwohl dreihundert Jahre früher bereits von einem Weg bei Broichem die Rede ist. Ihre Lage in einem versumpften Nebenarm des Rheins deutet wie das mit dem Rittersitz verbundene Strötrecht auf ein höheres Alter hin. Der oft mit der Landwehr verwechselte Waldfried, der jahrhundertelang von Wanheim, Speldorf und Mintard über Hösel bis Ratingen reichte, war nichts anderes als die Wildbahn der fahlroten Wildpferde, deren Herden seit dem Mittelalter die sumpfige Waldgemarkung zwischen Ruhr und Anger gehörten. Daß die Franken Karl Martells und Pippins sie nicht ebenso kannten wie die Wildpferdgebiete bei Haltern und Sythen, läßt darauf schließen, wie wenig das Dreieck zwischen Kaiserswerth und Werden 713 beim Tod des Heiligen Suitbert in fränkischer Hand war.

Boeckum also, Buchheim, ein Gelände, das die Wildpferde mieden, weil ihre Fohlen in Buchenwäldern vielfach kränkelten oder zurückblieben. Die Wildfänger im Emscherbruch wiesen auf Erfahrungen hin, die nicht nur von den Herren auf Boeckum bestätigt wurden. Das Recht, wilde Pferde im Duisburger Wald zu halten, verblieb Erben und Nachfahren – so dem Johann Friedrich von Bawyr und nach 1700 noch dem General Friedrich Franz von Frankenberg. Bei der Beschießung von Kaiserswerth ging 1702 der Wirtschaftshof der Burg in Flammen auf. 1767 erwarb der kaiserliche Gesandte in Wien und Warschau, Graf Heinrich Theodor von Hallberg, Boeckum, weil ihm die Verbindung zwischen seinem Haus Pesch bei Linn und dem Huckinger Adelshof wohl günstig erschien. Von 1801 ab gehörte Boeckum dem Ratinger Textilpionier Johann Gottfried Brügelmann; 1856 überließ seine Witwe das Gut zusammen mit Remberg den Grafen Spee, denen beide Häuser heute noch gehören.

Das karolingische Sperrfort, heute **Schloß Broich,** gegenüber dem Mülheimer Ruhrufer, hat zu mancherlei Vermutungen Anlaß gegeben, die Fragen aufwerfen. Die gern durchgespielte These, man habe hier ruhraufwärts vorstoßenden Wikingern eine Barriere bauen wollen, sollte uns mißtrauisch machen, weil Broich wie Styrum fränkisches Königsgut waren, zuvor aber im Verein mit dem Mülheimer Alten- oder Maurenhof einen wichtigen Ruhrübergang flankierten. Unabhängig von den Stromverlagerungen in der Rheinebene blockierte die geringe Wassertiefe der oberhalb Saarn durchwatbaren Ruhr Angriffe der Normannen, die

Innenhof Schloß Broich, Mülheim a. d. Ruhr

den Ostfrankenherzog Heinrich 884 veranlaßt haben sollen, die im Innenhof des Broicher Schlosses freigelegte Burg zu errichten. Für einen Überfall der Landgänger konnten nur die Handelsverbindungen oder die Klöster Werden und Essen interessant sein. Ob die 1968 ausgegrabene innere Ringmaueranlage mit ihren drei Sälen tatsächlich als Truppenunterkunft gedient hat, steht noch dahin. Andrerseits läßt sich nicht bezweifeln, daß die Edelherren von Brucke eine übergeordnete Rolle spielten; denn 1093 erscheint in einer Schenkungsurkunde für Werden ein Graf Burkhard von Brucke als Zeuge. Auseinandersetzungen mit den Kölner Erzbischöfen und den Fürstäbtissinnen von Essen wurden erst nach 1281 mit dem Sturz Heinrichs des Löwen beigelegt, weil Burkhard III. von Broich trotz wiederholter Einfälle in das Gebiet der Essener Abtei das Wohlwollen Papst Alexanders IV. genoß. Verwandt mit den Grafen von Altena und Isenburg, bemühten sich seine Erben Dietrich und Everwin, 1290 die Kölner Pfandschaft mit 400 Gulden wieder einzulösen.

Ihr letzter Namensträger, Dietrich III., seit 1367 Amtmann von Angermund, hinterließ 1372 die Herrschaft Broich seinem Schwiegersohn Graf Dietrich V., der vier Jahre später in einer Fehde mit den Grafen von Berg nicht nur Broich, sondern auch sein Stammschloß Hohenlimburg verlor, um 1377 mit beiden wieder belehnt zu werden.

Bergs Lehnsherrschaft verpflichtete ihn, 1397 mit seinen beiden Söhnen und 25 Gewappneten an der Schlacht von Kleverham teilzunehmen, die Graf Adolf von der Mark und Kleve so glänzend gewann, daß das Herzogtum Berg in eine schwere Krise geriet. Die Machenschaften Herzogs Adolf VII. von Jülich-Berg beeinflußten nicht nur die Kalkumer Fehde, sie erklären auch, warum sich die „ganze Burg und Festung Broich" 1432 dem Schutz Herzogs Adolf I. von Kleve-Mark unterstellte. Graf Dietrich IV. von Broich kam auf den naheliegenden Gedanken, den Ruhrübergang der Münsterstraße vor seiner Haustür zur Gefangennahme einiger Kölner Kaufleute zu benutzen, um von ihnen Lösegeld zu erpressen.

Vielleicht war das der Vorwand für den Kölner Erzbischof Dietrich II. von Moers, die Feste Broich zu belagern, doch scheint es den Kanonen des klevischen Jungherzogs Johann I. gelungen zu sein, den Erzbischof zu überreden, ihm die Bestrafung seines Vasallen zu überlassen. Der wegen „ungeläufigen Betragens mit Raub, Brennen, Fangen der Untersassen und Straßenschändung" angeklagte Dietrich mußte Broich seinem Sohn Heinrich abtreten. Was den Sohn bewogen hat, dem Beispiel seines Vaters zu folgen, läßt sich nur ahnen; denn 1443 verbündete sich Erzbischof Dietrich mit dem Düsseldorfer Herzog Gerhard II., um Broich nach 16 Tagen Belagerung zu erobern. Je zur Hälfte kölnisch und bergisch, verrät Kölns Absichten nichts so sehr wie die 75 Mann starke Besatzung, die jede Zufahrt zur Ruhr kontrollierte und deshalb erst 1478 abgezogen wurde.

Hundert Jahre später machte ein Mord noch einmal die Schlüsselstellung Broichs deutlich. 1598, ein Jahr nach der Ermordung der Düsseldorfer Herzogin Jakobe durch die katholische Hofpartei, mußte der mit der früheren Fürstäbtissin Elisabeth von Manderscheid verheiratete Führer der bergischen Protestanten, Graf Wirich IV. von Daun-Broich, sein Schloß 3000 Spaniern des Generals Mendoza übergeben, weil die Mauern nicht stark genug waren, seine klevischen Landsknechte vor Mendozas Kano-

Schloß Hugenpoet bei Kettwig

nen zu beschützen. Beim zugesicherten freien Abzug metzelten die Spanier die Waffenlosen nieder; ihren Grafen brachten sie zwei Tage später bei einem Spaziergang um.

Wie sehr das rechte Ruhrufer schon in vorfränkischer Zeit eine Grenze zwischen Hattuaren und Brukterern bildete, läßt die Geschichte des karolingischen Oberhofs **Styrum** erkennen, der um 800 der Abtei Werden zinspflichtig war. Zwar finden sich in den Handbüchern keine Belege für die Frühzeit des Königsgutes Stierheim unter Heinrich IV., doch scheint der Graf Arnold von Altena-Isenburg um 1200 keinen Wert mehr auf einen eigenen Flußübergang bei Styrum gelegt zu haben. Befestigt wurde das Gut erst 1289 unter Graf Dietrich I. und seinem Sohn Eberhard, die ihren ständigen Wohnsitz von da an auch als Namen beibehielten.

Streitigkeiten mit den Grafen von Broich um das Patronatsrecht der Mülheimer Kirche und die Speldorfer Mark hinderten den katholisch gebliebenen, in spanischen Diensten stehenden Graf Johann von Limburg-Styrum nicht, seinen Nachbarn vor der Rachsucht der Spanier zu warnen. Er selbst gehörte zu dem Kommando, das Broich zu stürmen suchte. Als spanische Musketiere 1607 den Sohn des ermordeten Grafen Wirich erschossen, übernahm er ein Kommando bei den Niederländern, für die er 1632 noch Maastricht belagerte.
Der Zwist zwischen seinem Nachfolger Moritz von Styrum und der kalvinistischen Eigenherrschaft Broich war zur Zeit der Gegenreformation so groß, daß der Styrumer Graf 1659 den Junggraf Karl Alexander von Daun-Broich bei einem Besuch erschoß. Aus dieser Zeit stammen das der Ruhr zugewandte Torhaus mit den beiden Wappensteinen und der sechseckige Treppenturm, der sich an das Herrenhaus des Schlosses anlehnt, während der Wohnturm mit der Schweifhaube aus dem 15. Jahrhundert stammen soll.

Der **Rolandshof,** ein mittelalterlicher Steingaden im Ort, wurde mitsamt seinen Kreuzgratgewölben 1943 durch Bomben zerstört. Saarn galt als „Zubringer“ der Kölnischen Straße, die Ratingen und Gerresheim mit der Münsterstraße verband.

Das an einem Nebenstrang der Ruhr gelegene **Haus Mintard** gehörte im 15. Jahrhundert den Herren von Burg Landsberg. 1971 ausgebrannt und wieder instand gesetzt, fällt es, nah der Mintarder Autobahnbrücke, lediglich durch seine altertümlichen Bruchsteingiebel auf. Eine Furt bei Mintard machte auch hier die Ruhr für Fußgänger passierbar, obwohl König Konrad II. nach 1033 den Werdener Mönchen freie Schifffahrt vom Kloster bis zur Mündung gewährt hatte. Doch nicht nur Furten und Stauwehre, auch zahlreiche Steindämme behinderten oberhalb von Mülheim noch lange den Schiffsverkehr.

Was dem **Schloß Hugenpoet** von Anfang an versagt blieb, läßt sich an den Beiwegen oberhalb von Schloß Landsberg ablesen. Mehr als ein Meter tiefe Fahrrinnen zwischen dem Mitterbachtal und der Landsbergerschlucht verraten dem Straßenkundler, daß die Fuhrleute mit ihren Gespannen den verschlammten Hohlwegen der Ruhrhöhen auf dem linken Ufer auswichen, um ihre Fracht auf so ständig neu entstehenden Beiwegen zu Tal zu bringen. Hindernisse und Transportschwierigkeiten führten den

Schloß Landsberg bei Kettwig

Ritter Vlecke von Hugenpoet in Versuchung, sich auf seine Weise am Überlandhandel zu beteiligen, wenngleich seine Burg im Pütt der Mintarder Aue 1344 ein Lehen der Werdener Benediktiner war. Zahlungen der Stadt Duisburg an seinen Vorgänger und den Nachbarn auf Landsberg lassen nicht erkennen, ob es sich dabei um einen Freikauf oder Beuteanteile handelt. Nach einer Fehde blieb 1478 von der alten Wasserburg nur ein Turm mit einer kleinen Wohnung erhalten, der, unter dem Namen **Nettelshof** bekannt, 1756 verschwand. Nach ihm hießen die Herren der um 1500 verlegten neuen Burg von Nesselrode-Nettlinghoven; den Namen Nesselrode-Hugenpoeth gaben sie sich erst, nachdem Johann Wilhelm die im Dreißigjährigen Krieg schwer mitgenommenen Mauern hatte niederreißen und 1647 durch **ein neues Wasserschloß** hatte ersetzen lassen. Nach seinem Tod vollendete der Freiherr Constantin Erasmus 1696 den Innenausbau. Die letzte Freiin von Nesselrode auf Hugenpoet heiratete einen Freiherrn von Maercken, der das „verschuldete und stark verfallene Gut" 1831 für 59100 Taler dem Freiherrn Friedrich Leopold von Fürstenberg verkaufte. Mehrfach gründlich überarbeitet, dient das niederländisch anmutende Herrenhaus mit seinen zwei Vorburgen heute als Schloßhotel.

Achthundert Meter ruhraufwärts liegt auf einem Vorsprung des Mühlenbergs **Schloß Landsberg.** Konrad, Philipp, Wessel, Wilhelm – lauter Ritter von Landsberg – zeichneten sich zwischen 1247 und 1355 teils rühmlich, teils unrühmlich aus. Die 1276 mit Ruhrsandsteinblöcken befestigte Höhenburg war praktisch uneinnehmbar, zumal die Ringmauer so verstärkt wurde, daß auch der Raubritter Reinard von Landsberg ungeschoren blieb, wiewohl er mit seinen Kumpanen von Hugenpoet, Heltorf und Spee allen Kölner Kaufleuten den Kampf ansagte und das ganze Gebiet der unteren Ruhr bis nach Duisburg hin verheerte. Erst den spanischen Truppen unter Mendoza gelang es, 1598 Landsberg zu stürmen. Nach dem Verlust der Kettwiger Brücke, die Düsseldorfs Herzog Wolfgang Wilhelm 1635 hatte zerstören lassen, schien es sinnlos, den 1688 von den Franzosen gebrandschatzten Brückenkopf neu zu befestigen. Als der Großindustrielle August Thyssen 1903 Schloß Landsberg als Wohnsitz erwarb, bestimmte er, daß man ihn nach seinem Tod (1926) in der Gruft des 36 Meter hohen Bergfrieds beisetzte. Der vom Bergwald umgebene Schloßpark gehört wie die Burg heute der Stiftung eines evangelischen Altenheims.

Das Gesetz der geraden Straßenführung schloß zwar nicht aus, daß die steilen Beiwege auch an **Haus Oefte** zum Übergang bei Werden vorüberführten, doch läßt sich weder durch Fahrspuren noch durch die freigelegten Trümmer der alten **Burg Uviti** beweisen, daß der Platz vor den Ludgeriden der Familie des Grafen Roland gehört hat, den unsere Sagen mit dem Rolandsbogen und dem Ende von Roncevalles feiern. Möglich wäre es, wenn man bedenkt, daß Ludgers Großvater 714 auf Geheiß des karolingischen Hausmeisters Grimoald II. oberhalb des Peperbachs bei Werden einen fränkischen Grenzburghof zugewiesen erhielt, denn augenscheinlich fühlte sich Rolands Erbe Wigmar mehr als gleichberechtigt, als er 806 dem Heiligen Ludger rundweg abschlug, Oefte zu verkaufen. Die mehr als bösartige Legende bestätigt Stolz oder Feindschaft, denn fremd in der dritten Gene-

Haus Oefte zwischen Kettwig und Werden

ration konnte der Enkel des Frankofriesen seinen Nachbarn längst nicht mehr sein. Vierhundert Jahre später werden die Herren von Oefte als Droste der Abtei Werden und freie Dienstmannen bezeichnet. 1273 bändelte ein **Heinrich von Oefte** mit dem streitlustigen Kölner Erzbischof Siegfried von Westerburg an. Erben beider Seiten kamen 1374 überein, ihre Fehden zu beenden. 1377 saßen die von Oefte wieder im Sattel, um erneut gegen Klerisei und Handel zu Felde zu ziehen. Flämische und kölnische Kaufleute erzwangen ihre Gefangennahme, doch kaum aus der Gefangenschaft entlassen, traten die Brüder Eberhard und Heinrich erneut zum Kampf mit dem Grafen Ludwig von Flandern an. Was dabei Raubritterei, Kleinkrieg oder hohe Politik war, läßt sich kaum unterscheiden, weil die Stadt Köln wie die Herzöge von Berg den Brüdern einen nicht unbeträchtlichen Abstand zahlten. 1391 soll Eberhard von Oefte zusammen mit seinem Freund von Hardenberg als Landfriedensbrecher in Dortmund hingerichtet worden sein. Darüber wurde sein Bruder Heinrich so fromm, daß mit ihm sein Haus ausstarb und 1438 an den Ritter **Wilhelm von Eller** überging, der Agnes von Oefte heiratete. Zweihundert Jahre im Dunklen der Geschichte endeten 1628 mit der Heirat Gertruds von Eller, die einen von Erwitte zum Mann nahm. Nach mehrfachem Besitzerwechsel wurde Oefte 1842 durch die Reichsgrafen von der Schulenburg-Wolfsburg zu einem Schloß ausgebaut, an dem außer den Kreuzgratgewölben aus dem 12./13. Jahrhundert nichts Historisches mehr zu finden ist.

Die **Alteburg in Werden** mit ihren gemörtelten Mauern ist ein fränkischer Wehrbau; sie diente zusammen mit dem Ringwall auf dem **Pastoratsberg** zur Abwehr der vordringenden Sachsen wie zum Schutz der Strata Coloniensis und des Heiligenwegs, die bei Werden vereint die Ruhr überquerten.

Zwischen ihm und dem Oefte gegenüberliegenden **Kattenturm der Ruine Luttelnau** auf dem rechten Ruhrufer besteht kein Zusammenhang, wie oft auch die Alten versucht haben, seine Vergangenheit Sage werden zu lassen. Sieht man davon ab, daß die schöne Amina von Luttelnau den Ritter Eberhard von Oefte bewogen haben soll, seine Frau umzubringen, bleibt zwischen dem legendären Kettelwald der Chatten und der stolzen Kattenburg der Kaiserin Theophanu genügend Spielraum bis zur Version der schwarzen Katze, die im verborgenen Keller auf einem Topf mit Gold und Silbermünzen sitzt. Andere Vermutungen reichen von wahrscheinlich bis gewiß, so auch diese, Dietrich von Limburg-Isenburg habe nach der Hinrichtung seines Vaters das Kastell gebaut, um seine Erbansprüche durchzusetzen. Kurköln, dem es darum zu tun war, seine Macht auf Kosten des Erben zu erweitern, soll von 1244 ab Luttelnau mit erzbischöflichen Dienstmannen besetzt haben, denen 1260 der Ritter Konrad von Elverfeldt folgte. Ob die Bergischen nach ihrem Sieg bei Worringen 1288 Luttelnau haben schleifen lassen, wüßten nicht einmal die Lehnsbücher der Reichsabtei Werden zu bestätigen, denn in ihnen erscheint erst 1295 ein Gerlacus de Luttelnove, dem 1343 und 1388 ein Eberhard und ein Johann folgen, die außer dem Hof Luttelnau Güter in **Hinsel** und **Stockum** besaßen. Doch scheinen auch die (teils durch Verkauf, teils durch Heirat) nach 1410 an die von Kuckelsheim, von Vittinghoff und von Galen gekommen zu sein. Zwischen Bahnübergang und

Kattenturm – Ruine Luttelnau

Ufer behauptet sich die **Ruine des Bergfrieds** heute als romantisches Dekor einer Wohnwagensiedlung.

In und um Essen

Der **Baldeney-See** gehört so selbstverständlich zu Essen, als habe es ihn schon immer gegeben. Daß er noch keine fünfzig Jahre alt ist, verraten frühe Burgenbücher, die ihn weder kennen noch nennen, weil er erst in den Jahren von 1931 bis 1933 entstand und so die Ruine von Haus Scheppen auf dem Werdener Ufer von Haus Baldeney auf der Essener Seite durch die hier 10 Kilometer weit gestaute Ruhr trennte. Beide Burgen hatten Kohlezechen zu Nachbarn, beide sind nur durch Stichstraßen zu erreichen, die im Grün der Uferlände und im Schwall der Sonntagsausflügler versinken. Motorboote, deren Anlegestellen das entferntere südliche Burghaus mit dem nördlicheren verbinden, machen es möglich, mit **Haus Scheppen** zu beginnen.

Die Vorstellung, der Heilige Ludger habe den Grundbesitz für seine Abtei in Werden mühsam erworben, ist irrig: die regulären Zukäufe für sein Eigenkloster, in dem sich der Anteil von adeligen Franken und sächsischen Edelingen die Waage hielt, lassen sich zu seinen Lebzeiten besser belegen als etliche Schenkungen und Stiftungen, für die es zum Teil nur legendäre Zeugnisse gibt. **Haus Scheppen** war eins der größten Güter, das den Ludgeriden gehörte und selbst dann noch ihrer Verwandtschaft verblieb, als Werden sich zu einem kleinen Mönchsstaat entwickelte.

Warum Ludgers Nachfolger sich dennoch entschlossen, 1344 die Talburg an einen Ritter zu verkaufen, der sich Gillburg von Scheppen nannte, läßt sich auch im Zusammenhang mit Haus Hegge und dem Werdener Haupthof, Haus Zelbeken, nicht klären.

Herren von Scheppen, als Richter in Bochum und Hattingen bekannt und wie ihre Vorgänger Droste der Reichsabtei, verkauften die **Wasserburg** mit 23 dazu gehörenden Höfen an Richard von Boenen, der 1400 seinen Lehnsbrief erhielt. Vierunddreißig Jahre später erwarb der klevische Ritter Kracht Stecke zu Mylendonk und Meiderich, genannt von Beek, den gesamten Besitz, um ihn mit **Baldeney** zu vereinigen. Die Verflechtung von Amt und Würden trug dazu bei, daß der Adelshof mit seinen beiden Ecktürmen auch nach dem Dreißigjährigen Krieg noch seiner Verwandtschaft gehörte, bis die Erbtochter Margarete von Neuhoff den Wittener Freiherrn Dietrich von der Recke-Volmarstein zum Mann nahm. Nachträglich noch die Barone von Bottlenberg, genannt Schirp, und von Ritz als Schwiegersöhne und Gutsherrn zu erwähnen, erübrigt sich, weil 1836 das Rittergut der letzten Stiftsdame von Essen-Stoppenberg und ihrer Schwester Wilhelmine Maria von Hövel zufiel. Heute beherrschen Segelboote den zu einem kleinen Hafen erweiterten Ringgraben, während in dem noch erhaltenen, dem See zugewandten Flügel der Burg ein Ausflugslokal untergebracht ist.

Vermutlich wäre **Haus Baldeney** nie entstanden ohne die **Ruine Neu-Isenburg** auf dem Baldeneyer Berg. Fünfzehn Treppen, die Bergfried und Palas auf der Höhe mit der dazu gehörenden Kaserne für 400 Soldaten im Tal verbanden, ließen die neue

Haus Scheppen am Baldeneysee

Isenburg zu einer ständigen Herausforderung der Abtei Werden werden, obwohl deren Äbte hier Lehnsrecht besaßen und die Burgvögte bestellten. Erst nachdem das Staatsgefängnis des Kölner Episkopats 1288 von den Märkischen zerstört worden war und „dat slot to Isenberg" nicht mehr im Werdenschen Lehnsregister geführt wurde, bestätigte eine Urkunde, daß die Ritter von der Leythen 1337 auf ihrem Hof tho der Boldeneye der heiligen Maria Magdalena eine **Kapelle** weihten. 1359 nannte sich Eberhard von der Leythen Ritter von Baldeney, allein sein Siegel verriet, daß er immer noch die drei Lilien der von der Leythen im Wappen führte.

Die große Zeit Baldeneys begann mit der vierten Generation, als der **Ritter Kracht Stecke** zu Mylendonk und Meiderich die Erbtochter Else heiratete und vom Herzog von Kleve mit Ämtern überschüttet wurde. Erbmarschall von Werden, Erbkämmerer von Essen, Vogt des Stifts Rellinghausen, Amtmann von Wetter, Volmarstein und Blankenstein, obendrein Freigraf der Feme – man sollte meinen, das Schicksal habe es mit dem alten Haudegen gut gemeint, doch überstiegen die Ansprüche bei weitem seine Mittel. Um die Schulden abzutragen, mußte Kracht 1455 Baldeney seinem Schwager Vittinghoff auf **Burg Altendorf** verpfänden. Gelegentliche Räubereien brachten seinem Sohn Goswin mehr ein, weil der seine Übergriffe politisch motivierte und erst kurz vor seinem Tod (1488) sein Sündenkonto durch fromme Stiftungen auszugleichen suchte. Im Jahrhundert der Töchter wechselte das 93 Hektar große Gut wiederholt seine Besitzer. Die von Eyll, von Neuhoff und von Drimborn hatten 1736 keinen anderen Erben als die Witwe des Generals von der Leythen. Mit der Belehnung ihres Schwagers Adolf schloß sich der dreihundert Jahre alte Erbfolgekreis, zu dem sich 1794 die Freiherrn von dem Bottlenberg, genannt Schirp, gesellten. Die Inschriften der Kapelle erinnern daran, wenn die Ausflügler zum See und zum Restaurant des Hauses Baldeney strömen.

Die oberhalb von Baldeney gelegene **Villa Hügel** ist ein Sonderfall, der für die Geschichte Essens im vergangenen Jahrhundert steht. Unsere Handbücher begnügen sich mit dem Hinweis: prächtiger Baukomplex im **Stil der Gründerjahre,** 1870–72 für die Familie Krupp errichtet. Wer es nicht anders sieht, verdient nicht, drinnen über den Brüggen-Brüsseler Bildteppichen der „Sieben freien Künste" von 1675 zu lesen: „Der Krieg unterdrückt die Künste, die ihn möglich machen", wie die Botschaften der Geometria und Philosophia zu entziffern. „Mir allein ist die Erde nicht unermeßlich", heißt es bei der einen, bei der andern: „Die Philosophie lehrt das Wesen der Dinge erkennen." Wenn dem tatsächlich so wäre, müßten die Biographien der vier Krupp von Friedrich bis Alfried als Beispiele deutscher Geschichte vom triumphalen Aufgang bis zum Niedergang und erneuten Aufstieg gelten, müßten Industrie und Rüstung, Kruppstahl und Kaiserreich, Waffenschmiede und Hitlerzeit auf einen faßbaren Nenner gebracht werden, der bis heute unfaßbar blieb. Alfred Krupp hatte sich erhofft, sein Bau möge „großer Gesellschaft, aber auch dem Komfort der kleinen Häuslichkeit dienen". Als Stiftung wurde dem Haus wie dem Hügelpark die große Gesellschaft der Öffentlichkeit zuteil, die hier seit 1953 in beispielhaften Ausstellungen Kunstschätze aus der ganzen Welt bewundert. Daß die Sieger des

Villa Hügel, Essen-Stadtwald

Zweiten Weltkriegs bis 1952 im Kruppschen Schloß ihre North German Coal Control untergebracht haben, ist längst vergessen, seit Alfried Krupp zwei Jahre später dem Wunsch seiner Mutter nachkam, Villa Hügel zu einem Kulturzentrum des Ruhrgebiets werden zu lassen.

Fünfundfünfzig gefürstete Äbtissinnen, darunter Kaisertöchter, Schwestern von Pfalzgrafen, Prinzessinnen, erzbischöfliche Verwandte (und dabei alle so hochadelig, daß sie von 1400 ab mindestens Gräfinnen sein mußten), regierten von 852 bis 1803 das freiweltliche **Damenstift,** das der Edeling Altfrit auf dem elterlichen Gut **Asnidi** in Essen gegründet hatte. Dem illustren Damenkapitel war ein Kapitel nichtadeliger Frauen und eine Reihe von Priestern für den Gottesdienst beigegeben. Der Kampf um die Vogtei ihres Fürstentums löste Streit und Totschlag zwischen den Grafschaften Berg und Limburg aus. Was die Essener Stiftsherrinnen trotz des ihnen vorangetragenen Richtschwerts nicht zu schlichten oder auszumerzen wußten, überließen sie Erzbischöfen, Herzögen und Königen. Ihre, wie sooft bei weiblichen Gerichten, unbarmherzig harten Urteile waren gefürchtet wie ihr Eigensinn. Um den widerrechtlich von ihnen gefangengehaltenen Rat der Stadt zu befreien, mußte der Große Kurfürst 1662 feuerbereite Geschütze vor **Schloß Borbeck** auffahren lassen, dessen gleichnamige Burg der Ritter von Borbeke den Fürstäbtissinnen seit 1277 als Zuflucht vor dem Zorn ihrer Mitbürger und nach 1670, zum Schloß umgebaut, als **Sommerresidenz** diente. Die steinerne Brücke, die auf das Hauptportal mit dem Essener Stiftswappen zuführt, entstand, wie die beiden Hausteinpfeiler davor, erst 1744. Das schöne, von Schloß Hugenpoet hierher verbrachte schmiedeeiserne **Gittertor** daneben ist ein Meisterstück aus der Zeit um 1700. Seit 1942 gehören Schloß und Park Borbeck der Stadt Essen und damit der Öffentlichkeit.

Wenn auch die Brüder Heinrich und Adolf von Achtermberg in den Essener Sagenkreis um die **Ruine Neu-Isenburg** eingingen, weil niemand sich vorzustellen vermochte, die Doppelburg sei 1288 ohne Verrat in die Hände Graf Eberhards II. von der Mark gefallen, gibt es doch vor 1300 keinen Hinweis auf **Haus Achtermberg bei Rotthausen.** Als die Herren von Heege im 14. Jahrhundert ihr Haus Hekede am Leithebach hinter dem **Mechtenberg** mit Mauer und Graben umgaben, bestimmte der nah vorüberführende Graff- oder Hohlweg die strategische Aufgabe der Burg: sie überwachte „achter dem Berg“ die Zufahrt für den großen Heer- und Hellweg, der bis 1668 hier mit dem Graffweg zusammenstieß. 1415 mußte Wennemar von der Heege Haus Achtermberg an die Ritter von Dorneburg bei Eickel verpfänden; 1421 folgte ihm der Ritter Dietrich von Asbeck zu Goor, dessen Nachfolger das alte Burghaus 1582 zu einem Slot mit dem heute **noch erhaltenen Torhaus** umbauten.

Die von Asbek führten den Beinamen Pinsequad, was soviel hieß wie „Ich sinne Böses“. Mindestens einer von ihnen muß den Wahlspruch wahr gemacht haben; ein Junker von Asbek wurde als Landfriedensbrecher in Essen enthauptet. Um nicht mit ihm auf eine Stufe gestellt zu werden, wies der Asbecker Ritter Godert von Achtermberg nach, daß der Richter von Essen seinen Fehdebrief unterschlagen hatte. 1646 erbten die Wendt von Hardenberg das Gut zwischen **Schwarzbach** und Leithe und behielten es bis zu seiner Aufteilung 1805.

Ruine Neu-Isenburg, Essen-Schellenberg

Schloßportal Essen-Borbeck

Haus Leithe II in Gelsenkirchen-Süd

Wie Achtermberg liegt auch **Haus Leithe II** in der Bauerschaft Rotthausen **auf Gelsenkirchener Gebiet.** Ob der Hof am Grenzbach der märkischen Seite tatsächlich einmal eine sächsische Grenzfeste gewesen ist, bleibt unbewiesen. Einem Dietrich von Lietha vertraute der Abt des Benediktinerklosters Deutz den **Oberhof Leithe** an. In den Jahren von 1213 bis 1243 werden wiederholt Ministeriale von Letene oder Letena im Gefolge der Essener Fürstäbtissin und der Grafen von der Mark genannt. Ein Gerhard wird Burgmann auf Blankenstein, ein Dietrich war den reichen Herren von Strünkede als Schwiegersohn willkommen. Fünf Söhne, zu Rittern geschlagen, führten das Wappen mit dem Querbalken und den drei Kugeln als Unterhändler ihrer Grafschaft beim Waffenstillstand mit dem Erzbistum Köln (1325), als Vögte des Oberhofs Herbede, als Stiftskämmerer in Essen und schließlich als Marschall. Warum Dietrichs Sohn, der als Herr auf Baldeney Knappe blieb, Leithe seinen beiden Söhnen und Hermann von Levendael vererbte, läßt sich nur anhand des Stammbaums entziffern. Das alte Wort, daß reiche Leute viele Verwandte haben, bewahrheitet sich auch hier. Elseken von der Leithen heiratete 1433 den Erbmarschall Kracht Stecke. Manche ihrer Erben wie die von Nesselrode oder die von Hövel sind auf Baldeney, Grimberg oder Eickel wiederzutreffen. Ankäufe, Umbauten, Anbauten änderten das Gesicht der Wasserburg, bis alle Liegenschaften so verschuldet waren, daß 1753 der preußische Hauptmann Moritz von Isselstein Haus Leithe für sich und seine Kindeskinder ersteigern konnte. Vier Generationen später teilten sich fünf Urenkel den Erlös von 237000 Mark (1901) für Leithe, das heute von der Stadt Gelsenkirchen als Gut bewirtschaftet wird.

Die Mörtelbienen zerstören die Wände, schimpfte der Herr auf **Sevinghausen,** der in mehr als einer Hinsicht unserem flämischen Freund Pallieter ähnelt. Seit wir in **Wattenscheids Gertrudis-Kirche** das Sevinghauser Wappen und darüber die Jahreszahl 1336 gefunden hatten, waren wir auf die Suche gegangen und fanden: eine Brükke mit einem steinernen Neidkopf, daneben einen ausgetrockneten Graben und hinter dem Wohnhaus in einer Senke eines der wenigen, wenn auch schlecht erhaltenen Fachwerk-Herrenhäuser, das dritte außer Fürth und Außel, 1721 gebaut. Um 1500 saßen hier Herren von Eickel, nach 1580 Angehörige des Drosts von Hörde, Johann zur Wenge. Ein Mehr an Auskunft gaben die Aufzeichnungen nicht her.

Haus Weitmar im Süden Bochums, umgeben von einem weitläufigen Park, stammt aus dem 13. Jahrhundert und war Lehnsgut der Abtei Werden. Vorburg, Herrenhaus und Kapelle hat der Zweite Weltkrieg so zerstört, daß nur Reste des romanischen Kapellenturms und des barocken Wohnhauses übrigblieben. Vom Doppelwohnsitz der Familien von Hasenkamp und von Eickel läßt sich das Haupthaus Weitmar II genauer mit 1582 datieren. Seit 1780 sitzen auf dem Gut im Weitmarer Holz die Herren von Berswordt-Wallrabe.

Haus Weitmar in Bochum

Schloß Oberhausen, Museumstrakt

Burg Vondern in Oberhausen

Fürstenpfand und Bischofsland

1791 bewog die vierzehn Jahre zuvor in Essen zur Fürstäbtissin ernannte Tochter August des Starken, Maria Kunigunde Prinzessin zu Sachsen, den Sohn des Direktors der Sayner Hütte, Gottlob Jacobi, in **Sterkrade** die Hütte Neu-Essen zu gründen, die, 1808 fusioniert mit der St.-Antony-Hütte, den Namen „Hüttengewerkschaft und Handlung Jacobi, Haniel & Huyssen" erhielt. Beiden voraufgegangen war der Abbau von Raseneisenstein in der Umgebung von Osterfeld (1758) und die erste Fertigung von 1,7 Kilometern Gußeisenschienen für die Rauendahler Kohlenbahn durch die Hütte Gute Hoffnung (1787). Mit dem Stapellauf des ersten in Deutschland gebauten Rheindampfers im Ruhrorter Hafen begann 1830 für das Land zwischen Ruhr und Emscher ein neuer Geschichtsabschnitt, der seine Burgen und Hofesfesten für eine Weile in Vergessenheit geraten ließ.

Von dem wasserburgähnlichen **Hof Oberhaus an der Emscher** war im Mittelalter in einem Pilgerverzeichnis zu lesen, daß der Flußübergang an dieser Stelle seit 1200 den Hellweg mit der Vestischen Landstraße verband und daß der Abt Alberti aus Stade 1240 im Oberhaus an der Emscherfurt eingekehrt war. Sein 1256 geschriebener Reisebericht deutet an, was das klevische Lehnsverzeichnis von 1443 bestätigt. Das umwehrte feste Haus des Rosier von Duyker lag zweihundert Meter ostwärts des Schlosses. 1598 von den Spaniern geplündert, 1623 wie 1643 völlig ausgeraubt, erwies sich die Hinterlassenschaft Roberts von der Hoven bei der Übernahme der Herrschaft durch die Herren von Boenen-Westerholt kaum noch als Herrensitz. Größtenteils unbewohnbar, 1752 heißt es verfallen, ließ sich nur noch die Vorburg verpachten. Die Burg selbst mußte abgerissen werden; ihre Steine dienten zum Bau eines großen Wohn-, Wirts- und Posthauses, das für seinen gräflichen Grundeigentümer drei Räume bereithielt.

Der mit kaiserlicher Zustimmung zu neuem Rang und Namen gelangten Familienverband der von Boenen zu Berge und Westerholt-Gysenberg verweigerte dem Grafen Maximilian Friedrich von Westerholt-Gysenberg das ihm zustehende **Schloß Westerholt** und fand ihn mit dem Posthaus Oberhausen ab, weil er eine der unehelichen und zudem bürgerlichen Töchter des Düsseldorf-Mannheimer Kurfürsten Karl Theodor geheiratet hatte. Da aber das „Glücksschwein", wie Friedrich der Große ihn nannte, stets Wert darauf legte, seine illegitimen Kinder versorgt zu wissen, wurde aus dem reichen Bürgermädchen eine Gräfin von Bretzenheim, deren Mitgift es dem von Napoleons Gnaden zum großherzoglichen Oberstallmeister beförderten Grafen ermöglichte, sich 1814 von **August Reinking** ein Schloß bauen zu lassen, das den alten Wohn- und Wirtshaustrakt mit einbezog. Zwar wurde das Ganze nicht ganz so fürstlich wie ursprünglich vorgesehen, doch scheint gerade die Zurückhaltung der endgültigen Lösung gut getan zu haben. Ständig bewohnt bis 1858, von 1891 ab in Einzelteilen vermietet, gelangte **Schloß Oberhausen** fünfzehn Jahre nach dem Erwerb des Kaiserparks 1911 in den Besitz der Stadt. Der Zweite Weltkrieg zerstörte die klassizistische Anlage, von der es heißt, sie habe leicht und schwerelos gewirkt, bis auf die Grundmauern. In dem 1959 vereinfacht wieder aufgebauten Mitteltrakt ist seit 1960 die **städtische Kunstgalerie** untergebracht; die beiden Seitenflügel dienen als Stadtarchiv und als Gedenkhalle für die Opfer der Kriege, der Unfreiheit und der Vertreibung.

Sich für **Haus Vondern** zu begeistern fällt leicht, sich diese Begeisterung angesichts der Umgebung und der Umstände zu bewahren, scheint nicht so leicht zu sein, auch wenn es heißt, Stadt und Land hätten sich entschlossen, Vorburg, Wirtschaftshof und Herrenhaus des Adelssitzes an der Emscher zu erhalten. Ob die Bauten in **Oberhausen-Osterfeld** als Schule und Werkstatt oder als Stadt- und Bildarchiv genutzt werden, könnte dem Burgenfreund im Hinblick auf die zunehmende Bedrohung gleichgültig sein, falls nur etwas für die Wasserburg mit ihren zum Teil überbauten Gräben geschieht. Menschliche Hilfe und Denkmalschutz miteinander zu verbinden, wäre freilich die günstigste Lösung angesichts der siebenhundert Jahre alten Geschichte des Hauses.

Als ob die Trümmer nicht Beispiel gäben! Unsere Gegenwart macht es schwer, nach verschollener Wahrheit zu suchen; und doch kommen Antworten von unbekannten Freunden wie die, die mich darauf hinweisen, daß es am Niederrhein mindestens 15 Familien gegeben hat, die alle den Namen Vondern trugen, während ein anderer ergänzt, daß die Bezeichnung Vondern oder Fundern von ehemaligen Fluß- oder Moorübergängen herrührt.

Zwei dieser fünfzehn Sippen waren adelig: die Ritter von Vondern in Kleve und die Ministerialen von Vondern in Osterfeld, die hundert Jahre später in den Urkunden der **Herrschaft Holten** und der Grafschaft Kleve erscheinen, weil der Osterfelder Gerhard von Vondern 1281 wie der Klever Dietrich von Vondern 1284 bezeugen, daß Mechtild von Holten dem **Zisterzienserinnenkloster Sterkrade** das Hofgut Laer überlassen hat. Aus jener, wenn nicht aus noch früherer Zeit mag die **Turmhügelburg** stammen, die nach Auskunft örtlicher Kenner hinter dem Wirtschaftshof von Vondern gelegen haben soll. Die Backsteinburg kann erst nach 1500 entstanden sein, das barocke Herrenhaus erst nach 1650. Die Vorburg mit ihren Türmen, dem überdachten Wehrgang und den helleren Hausteingesimsen gilt nicht nur den Kunsthistorikern als eindrucksvoll und prächtig. Die Herren der einst doppelt umgräfteten Wasserburg werden genauso empfunden haben. Zählt man ihre Namen auf, bleibt einem weniger in den Händen. Den von Vondern folgten: 1405 Wessel von Loe, 1572 Johann von Wylich, 1707 Moritz von Brempt – zu wenig, um sich ein besseres Bild zu machen; zu viel, um zu beschreiben, was Vondern unter ihnen erlebt hat.

Zeitweilig deutlicher faßbar ist Vondern durch seine Gegenspieler auf **Haus Hove** in **Vonderort** (seit 1929 bei Bottrop). Ein Dietrich von Vondern, geheeten van Hove, erscheint 1383, 1400 und 1406 in den Urkunden des Klosters Sterkrade und der Osterfeldschen Pankratiuspfarre, in denen gleichzeitig ein Dietrich von Vondern auf Vondern auftaucht. Hove, ein 1350 zwischen Köln und Kleve umstrittenes Lehen, ist 1426 endgültig erzstiftisch. Das begünstigte, wie auch immer, den Aufstieg der von Hove, genannt Vondern. 1456 erheirateten sie für eine Weile Haus Oberhaus; 1564 wird Heinrich von Hove Amtmann von Huyssen. Bis 1692 stets im Besitz der Familie, gelangte die Burg als Mitgift der Erbtochter Albertina an Stefan Vinzenz von Quad-Wickrath. Albertinas zweiter Ehemann Otto Bonenkamp nutzte die

Gelegenheit, sich adeln zu lassen und Freiherr von Hove zu werden. Verschuldet, verpfändet, verkauft – 1726 an den Grafen Droste Vischering von Nesselrode, 1733 an den Grafen Merveldt von Lembeck, 1888 an die Familie Steinhaus, blieb vom Glanz der Baronie wenig übrig. Allein das freistehende Torhaus und die Schießscharten im immer noch mächtigen Kellergewölbe erinnern an Hoves Wasserburg.

Der heute so lahme Schwung der Flußkrümme vor der Mündung in den Rhein verrät nichts von der strategischen Bedeutung der Lippe für Römer und Franken, die unter **Germanicus** und **Karl Martell** auf keltischen Straßen ins Land der **Brukterer** eindrangen. Offensichtlich waren die Ufer breit und trocken genug, um hier entlang der alten Wege Stellungen zu halten und auszubauen. Welchen Grund und welche Möglichkeiten sollte es sonst 14 n. Chr. gegeben haben, mit einem 80000-Mann-Heer in vier Abteilungen vorzurücken, um 50 Meilen durch Feuer und Schwert völlig zu verwüsten. Laut **Tacitus** fand kein Weib, kein Greis oder Kind Erbarmen. Menschliche oder göttliche Wohnstätten, alles wurde dem Erdboden gleichgemacht. Die Soldaten blieben unverwundet; sie hatten nur Halbschlafende und Waffenlose erschlagen. – Ein solch rascher, erbarmungsloser Überfall kann nur da erfolgen, wo kein Urwald das Vordringen der Legionäre behindert und feste Wege, eben Straßen, die Kolonnen rasch von Ort zu Ort vordringen lassen.

Ebenso beachtenswert erscheint die Tatsache, daß die Franken unter Karl Martell und Pippin das rechte Rheinufer unterhalb der Lippe aussparten, während das sich zum Münsterland hin öffnende Nordufer tributpflichtig wurde und damit fest in ihrer Hand war. Abgesehen von dem Kontingent an Wildpferden, das sie sich in jedem Jahr dort holten, gibt es dafür zwei voneinander unabhängige Beweise: der in **Walsum** bis mindestens 775 belegte fränkische Friedhof ist ein **heidnisches Gräberfeld.** Dagegen lebte in dem längst von Rhein und Lippe hinweggespülten Ort **Lipperham bei Wesel** um 800 bis 808 n. Chr. **Abu 'I Abbas,** der viel bewunderte weiße Elefant, den Harun al Raschid Karl dem Großen schenkte. Wer nach weiteren Belegen für die Bedeutung der uns heute so still erscheinenden Lippelandschaft sucht, findet sie von frühester Zeit an bis in die jüngste Vergangenheit des Zweiten Weltkriegs.

Wenn auch Walsums Wasserburgen (Haus Waterheck, Haus Nykerk und Haus in gen Lohe) längst untergegangen sind, so führen doch heute noch die Straßendörfer durch die alten Bruchgebiete über die Heidberge zur Flußniederung bei Hünxe.

Die Fehdesucht Herzogs Adolf VII. von Berg und Jülich zwang Herzog Adolf I. von Kleve, den Machenschaften Kurkölns rechtzeitig Rechnung zu tragen und den Lippeübergang des Hilligen Wegs zu befestigen. **Haus Schwarzenstein,** das diese Aufgabe südlich von **Drevenack** übernahm, erscheint 1429 zum ersten Mal in einer Aufstellung, aus der hervorgeht, daß der klevische Rittersitz ursprünglich eine Wasserburg neben einer Gerichtsstätte war. Da gleichzeitig der Fürstbischof von Münster Anspruch auf das umstrittene Land erhob und mit kurkölnischen Soldaten von Recklinghausen aus lippeabwärts auf Wesel zu zog, mag auch für Schwarzenstein gelten, was für die nahegelegene **Krudenburg** galt: „Es war eine

Haus Schwarzenstein bei Drevenack

Zeit voll Unfugs, Auflaufs, Raubes, Brands, Elends und Unglücks.“ Nicht ganz so schlimm scheint es dem Adelshof 1621 unter dem spanischen Don Cordova gegangen zu sein, der hier Quartier nahm und seine Tercios – 6000 Mann zu Fuß, 2000 zu Pferd – um sich her in einem Feldlager unterbrachte, in dem Büttel und Posten für Ordnung sorgten. 1625 folgten ihnen die Kroaten des Grafen Isolani; seitdem zeigt Schwarzensteins Wetterfahne den Halbmond. Ein Jahr vor seinem Tod verkaufte der Freiherr Konrad Ludwig von Strünkede 1776 Schwarzenstein der Weseler Familie Löhr, der im vergangenen Jahrhundert die Gutsbesitzer Schneider-Eichelberg folgten. Über Philipp von Schwarzenstein, den Gründer der Burg in Kiefernauwald, war nichts zu erfahren.

Von den sechs Burgen in und um Hünxe blieben allein Schloß Gartrop und die Krudenburg im Gedächtnis. Zwar hat der **Ringwall auf dem Fockerberg** eine Zeitlang lebhaftes Interesse geweckt, doch hat die in diesem Wall erbaute **Burg** der Herren **von dem Berge** nur bedingt Anteilnahme gefunden, obwohl der 1241 genannte Heinrich von dem Berge ein Fünfspeichenrad im Wappen führte.

Ergiebiger waren die Funde der Wallburg. Pfeilspitzen, Türangeln, Nägel aus Eisen, Tonscherben und Ziegel neben dem quadratischen Grundriß eines Turms ließen erkennen, daß die Waldfestung zur Normannenzeit unter Karl dem Kahlen errichtet und bis ins späte Mittelalter benutzt worden ist. Benachbarte ähnliche Anlagen wie die auf dem **Fockerberg** machen deutlich, daß das ertragfähigere Uferland am Rhein den Franken zufiel, während die Sachsen ihre Wallburgen entlang der ehemaligen Grenze in Wald, Bruch und Heide ausbauten.

Die Karte, die der Ingenieur-Kapitän von Wrede 1733 von **Haus Krudenburg** zeichnete, läßt erkennen, wie wenig uns von der 1365 erstmals urkundlich erwähnten Wasserburg und Freiheit geblieben ist. Klevisch wie die **Edelherren von Hünxe,** die 1191 gezwungen wurden, ihre Reichsunmittelbarkeit aufzugeben, klevisch wie der Ritter Dietrich von dem Berge, der sich nur widerstrebend unterwarf und nach der Niederlage 1341 seine Burg schleifen lassen mußte, war auch der Ritter Rutger von Boetzelaer, dessen aus dem Niederländischen stammende Familie ihren Stammsitz vierzehn Jahre zuvor den Klevern hatte übergeben müssen. Das hinderte sie nicht daran, zu Landdrosten und Erbschenken ihrer Grafen und Herzöge aufzusteigen. Rutger übernahm mit der Lippeinsel nördlich des Hünxer Ringwalls die Grundherrschaft und Gerichtsbarkeit der Krudenburg, bis ihn 1392 der Ritter Goswin Stecke, Drost des Amtes Dinslaken, ablöste. 1437 belehnte Herzog Adolf I. von Kleve Goswin Stecke II. mit der Lippeburg, die seine Frau Cordula von Gemen 1502 in zweiter Ehe dem Grafen Johann von Holstein-Schaumburg zubrachte. Dem folgten ein Jobst, ein Adolf, ein Ernst, ein Hermann und 1637 der Vetter Otto, alles Grafen und alle von Holstein-Schaumburg, denen es gewiß nicht immer leichtfiel, die jährlich fälligen 10mal 10 Goldgulden nebst sonstigen Abgaben aufzubringen, wären sie nicht gleichzeitig Herren von Gemen, von dem Berge und Droste eines wohlhabenden Landstrichs gewesen.

Nachdem aber die Kaiserlichen unter dem Grafen Pappenheim 54 Adelssitze im Mär-

Eckturm der Krudenburg

kischen ausgeplündert und die Hessen unter dem Grafen Hatzfeldt im Kirchspiel Hünxe „alles verdorben“ hatten, war es ein Glück, daß **Graf Alexander II. von Velen** zu Raesfeldt (1599–1675) nach zwei Jahren Pfandherrschaft 1641 die Krudenburg zu Lehen erhielt. Der Graf war General der Liga; mehr als der Dreißigjährige Krieg hatten ihn die Saline **Gottesgabe** in Rheine und das Monopol des Salzhandels reich gemacht, so daß es ihm nicht schwerfiel, den heruntergekommenen Besitz neu auszustatten. An ihn erinnert der allein noch erhaltene **Eckturm der Krudenburg** mit der Inschrift **A. G. v. V. 1664.**

So riek äs de Graf van Velen – war zwischen Lippe und Maas ein Sprichwort, das sich besser begreifen läßt, wenn man vor dem nahen **Schloß Raesfeld** steht. Das Ausflugsziel des Ruhrgebiets gleicht immer noch der Fürstenresidenz, die sich der „Westfälische Wallenstein“ 1643 bis 1658 von dem Kapuzinerbaumeister Michael von Gent für 80000 Taler hat bauen lassen. Angesichts des sich im Schloßteich spiegelnden Turms mit der Teleskophaube wird verständlich, daß Alexander es sich leisten konnte, außer der Krudenburg auch andere Herrengüter wie **Engelrading** und **Hagenbeck** aufzukaufen und obendrein noch dem brandenburgischen Kurfürsten Georg Wilhelm mit einem Darlehen von 55000 Talern auszuhelfen.

Schloß Gartrop, nicht ganz mehr so besucherempfindlich wie noch vor ein paar Jahren, zeigt mit seinem Wappenportal von 1675 die Verbindungen der Familien von Hüchtenbruch, Heeren, Rodelöw und Altenmengede mit den von Heiden und von Bernsau an. Wer sich mehr darunter vorstellen will, sollte in der evangelischen Kirche von **Hünxe** nach dem **Epitaph** des Freiherrn und seiner beiden Frauen sehen.

Warum es erst seit 1337 Nachrichten über einen **Heinrich von Gardapen** gibt (Gat herop, sagt der Volksmund, weil er ein blaues Gatter auf weißem Wappengrund führte), ist angesichts der historisch gewichtigeren Umgebung schlecht einzusehen, zumal in der übernächsten Generation Herberga von Middagh einen Heinrich Hüchtenbruch aus Orsoy heiratete. Der später vom Großen Kurfürsten bestätigte Adel war reich genug, 1482 dem Herzog Johann von Kleve 600 und sechs Jahre später noch einmal 500 Goldgulden zu leihen. Klevisch hin und brandenburgisch her, angepaßter als sein Vater, baute sich der Kammerpräsident Albert Georg von Hüchtenbruch **1675 ein neues Herrenhaus,** das mitsamt der Schloßfreiheit und allen Gütern 1716 an Wilhelm Albrecht von Quadt-Hüchtenbruch gelangte. **Athene und Concordia,** die beiden Pfeilerfiguren Johann Wilhelm Gröningers, symbolisieren seit 1720 Weisheit, Eintracht und Seelenwärme; vielleicht trugen sie dazu bei, seinen Erben Karl Wilhelm zum Grafen und zum Erbmarschall Kleves zu ernennen; denn 1815 bereits heiratete seine Erbtochter den niederländischen Oberst und Freiherrn von Nagell.

Die Straßenführung zu beiden Seiten der Lippe weist auf die Bedeutung des vorgeschichtlichen Lippeübergangs vorm Bösen Berg bei **Schermbeck** hin, dessen **Landwehr** aus sechs Wällen und sieben Gräben so lange die Grenze zwischen Franken und Sachsen bildete, daß sie heute noch Nordrhein von Westfalen scheidet. **Gahlen** mit seinen Burghügeln und dem ritterbürtigen

Schloß Raesfeld bei Krudenburg

Schloß Gartrop bei Hünxe

Burghaus Schermbeck, Wassergraben

Geschlecht der Ritter von Galen (1163) läßt vergessen, daß der Heilige Ludger bis **Alt-Schermbeck** vorgedrungen sein soll, um hier eine Kapelle zu bauen. **Herren von Heiden** (1265), die nach der Zerstörung ihrer Stammburg das benachbarte **Haus Engelrading** bezogen, verpfändeten 1315 ihre **Freigrafschaft** mit den Gerichtstühlen der Feme zu Schermbeck, Raesfeld und Wulfen für 100 Mark an Dietrich VIII. von Kleve.

1364 überließ Wennemar II. von Heiden das Schermbecker Gebiet dem Grafen Johann von Kleve, der ein Jahr später **Burg und Stadt** (Neu-)**Schermbeck** gründete, mit einem Amtmann besetzte und damit endgültig die Grenze gegenüber dem Fürstbistum Münster festschrieb. Wennemar, der sich mit dem Kauf des halben Dorfes **Hagenbeck** bei Dorsten auf die Gegenseite geschlagen hatte, erlebte nicht mehr, wie der Ritter Jan von Gemen 1483 **Burg** und Stadt Schermbeck zerstörte. Herzog Johann II. von Kleve nahm zwei Jahre später den Platz wieder ein und besetzte die neue, auch Schloß genannte Burg abermals mit einem Drosten. Schermbeck, das sich im Dreißigjährigen Krieg zu einem Zufluchtsort der Evangelischen entwickelt hatte, brannte im Juni 1640 derart ab, daß zugleich „auch alles Hausgerät, Vieh, Eßwaren, Mobilien verzehrt und verbrannt worden" ist. Im Jahr danach machte der ligistische General Alexander II. von Velen **Haus Hagenbeck** zu seinem Stabsquartier. Mit dem von Franzosen verursachten Brand 1742 verlor Schermbeck endgültig seine Bedeutung. Die hübsche, vor dem Eingang zur Burg liegende, heute als Lesesaal dienende alte **Reformierte Kirche** wurde nach 1775 vollendet.

Spätgotische Wohntürme wie der von **Haus Brabeck** in der Kirchhellener Gemarkung Overhagen sind selten geworden, die meisten wurden wie in Herten, Strünkede und Bladenhorst überbaut. Wenn auch die Handbücher darauf verzichten, Näheres über Brabeck zusammenzutragen, läßt sich doch einiges über die von der Stadt Gladbeck wieder instand gesetzte **Wasserburg** berichten.

Ursprünglich ein **Lehnshof der Abtei Werden,** nachdem sich 1263 Ministeriale Herren von Brabeck nannten, gelangte der Adelssitz im 14. Jahrhundert an die benachbarten **Herren von Wittringen.** 1583 besetzten Söldner des protestantisch gewordenen Kölner Erzbischofs Gerhard Truchseß von Waldenburg das reliefverzierte Haupthaus. Wie es den Bayern des katholischen Herzogs Ferdinand 1584 von Kirchhellen aus gelang, die Besatzer zu vertreiben, verschweigen die Chroniken, die auch nicht gerne zugeben, daß sie im gleichen Jahr einen Boten des Grafen Holstein-Schaumburg an seinen Bruder, der Domdechant in Köln war, gefangennahmen und totschlugen. Der „Kreuzzug gegen die Ungläubigen" forderte die Vergeltung der Generalstaaten und Hessens heraus. Dennoch entstand 1617 auf Brabeck ein Bauhaus, dessen Staffelgiebel früher mit Muscheln verziert war. Warum das Haus 1703 seinen Besitzern entzogen worden sein soll, ist angesichts der regulären Erbübernahme durch den Freiherrn Ferdinand Otto von und zu Westerholt nicht einzusehen. Zwei Generationen vor ihm werden noch Adolf und Anna Sybilla von Brabeck genannt; 1787 läßt sich das Gut als Eigentum des Freiherrn Friedrich Florenz Rhaban von Wenge auf **Haus Beck** nachweisen.

Haus Brabeck, Kirchhellen

Der hatte Westfalens berühmtesten Barockbaumeister **Johann Conrad Schlaun** (1695 bis 1773) veranlaßt, ihm ein **Maison de plaisance** zu entwerfen, das zwischen Wirtschaftshof und Garten auf einer großen Insel lag und 1771, gerühmt wegen „seiner Schönheit und Reife", vollendet wurde. Das trug dazu bei, den immer noch schönen Bau in unsere Gegenwart hinüberzuretten und ihn zu einem „Märchenschloß" und beliebten Tummelplatz für Kinder werden zu lassen.

Nicht weniger Zuspruch findet am Rand von Gladbeck neben der Autobahn das vor 1263 inmitten der älteren Wallburg **Ellinghorst** angelegte **Haus Wittringen,** deren Namen die Ritter von Wittringen noch eine Weile weiterführten. 1473 galt die Wasserburg als Offenhaus der Herzöge von Kleve. Wer die breiten Gräften überwunden hat, um das feste Haus für das Erzbistum Köln zu erobern, läßt sich den Chroniken nicht entnehmen. Sie berichten nur, das im Dreißigjährigen Krieg zerstörte Herrenhaus sei nach 1703 von dem Freiherrn und Angermunder Amtmann Arnold Johann von Vittinghoff-Schell wieder aufgebaut worden, nachdem er – ohnehin bereits Erbdrost des Stiftes Essen – in Düsseldorf zum kurpfälzischen Geheimrat ernannt worden war. 500 Morgen Buchenwald, 70 Morgen Stadt- und Landschaftsgarten umgeben das 1928 erneuerte **Museum und Restaurant** hinter der Holzbrücke der früheren Vorburg.

Von der Emscher bis zur Lippe

Gelsenkirchens Musterschlösser Horst und Berge kennt jeder. Rennbahn und Parkstadion liegen so nahe, daß man nicht umhin kommt, von ihnen zu reden oder ihre Restaurants zu besuchen. Nicht ganz so sportnah, dafür um so origineller, ist **Haus Lüttinghoff** am Nordrand der Stadt.

Die **Wasserburg bei Polsum** ist selbst dem noch lieb, der wie wir erschreckt feststellt, daß die barocken Gartenfiguren ihrer Sandsteingötter immer mehr zerblättern, während alle anderen Zutaten – von der Bogenbrücke bis zu den Aborterkern an der Gräftenaußenwand – erhalten blieben. Altersgraue Quadern und gelbrote Backsteinmauern stimmen aufs 15. Jahrhundert ein. Was älter ist, wird nicht sichtbar.

Dennoch hat Kölns Erzbischof Heinrich II. von Virneburg bereits 1308 den letzten **Ritter von Lüttinghoff** mit der Burg belehnt. Die anhaltenden Streitigkeiten zwischen dem kurkölnischen Vest Recklinghausen und der Grafschaft Mark, südlich der Emscher, erzwangen den Verbund von Befestigungen auf der einen wie auf der anderen Seite. Das Rosenwappen des letzten von Luitgenhove (oder Lüttekenhove) wie der Polsumer Freistuhl der Feme im nahen **Eicheholt** deuten Verpflichtungen an, die den Ritter Dietrich zum geschworenen Amtmann der Kölner in Dorsten und Recklinghausen werden ließen. Der Lüttinghoffer konnte es sich leisten, seinem Kurfürsten und Erzbischof Wilhelm von Gennep mit 600 Goldgulden unter die Arme zu greifen (1352). Sein Schwiegersohn **Steck von Steckenberg** brachte es nicht so weit, ge-

Seitenflügel Haus Beck, Kirchhellen

nausowenig wie seine Urenkelin, die 1430 einen Herren von der Ruer zum Mann nahm.

Dessen Sippe war tapfer genug, zweimal den Angriff Essener Stadtschützen abzuwehren, doch haperte es mit den Finanzen. Deshalb schlug Burghard von der Ruer dem Domkapitel vor, **Reiner von Raesfeld** mit der Burg Lüttinghoff zu belehnen, ein Ratschlag, der sich zwei Generationen später als richtig erwies. Reiners Enkel, nach dem Großvater ebenfalls Reiner genannt, bewährte sich im Truchsessischen Krieg als **Statthalter des Vests Recklinghausen.**

Treu katholisch, verweigerte er dem durch seine Ehe mit der Gräfin Agnes von Mansfeld protestantisch gewordenen Erzbischof Gebhard Truchseß von Waldburg den Dienst und schlug sich auf die Seite des zu seinem Nachfolger bestimmten Herzogs **Ernst von Bayern.** Der war ein „fünffeltiger Bischof" und hielt es mehr mit der Kirche als mit der Moral; er dachte nicht daran, eine der vielen ihm nahstehenden Damen zu ehelichen. Doch weil der Vielgeliebte im Sommer 1587 einige Monate auf Lüttinghoff verbrachte, mußte Reiner von Raesfeld seine Gastfreundschaft mit dem Leben bezahlen. 1590 eroberten reformierte Niederländer seine Burg und verschleppten ihn nach Holland, wo er ein Jahr später „elendig" umkam. Ein Versuch Mendozas, Haus und Hof zurückzuerobern, schlug fehl. Der General büßte beim Angriff einige hundert Spanier ein und mußte sich zurückziehen. Erst nachdem Reiners Witwe und Schwiegersohn 8000 Taler aufgebracht hatten, räumten die Reformierten das Feld.

Unfähig, die zusammengebettelte Summe zurückzuzahlen, für die auch das Erzbistum Köln nicht aufkommen wollte, war Huyn von Amstenrath 1615 gezwungen, Haus Lüttinghoff den Freiherrn von Nesselrode auf Schloß Herten zu verkaufen. Zum Heiratsgut der Freiin Charlotte Sebastiane von Nesselrode gehörten 1759 zwei **Kamine,** die ihr Mann, ein Freiherr von Twickel, nach **Schloß Havixbeck** bringen ließ. Der Kaminaufsatz von 1562 zeigt die Köpfe Reiners von Raesfeld und seiner Frau mit der Umschrift: Uf dusser stuffen soll man sprechen erbar wordt un van nemantz gebrechen. Dem antwortet die lateinische Inschrift auf dem Kamin von 1688: Alles für die Nachkommen.

Warum manche Schreiber es sich so leicht machen und bedenkenlos wiedergeben, was andere ihnen vorbeten, erscheint hier unverzeihlicher als anderswo. Daß **Gelsenkirchen eine Burgenstadt** war und immer noch ist, will niemand glauben, der sich nicht an Ort und Stelle überzeugen läßt.

Schloß Berge bemüht sich, ein Spielkasino zu werden. Glück zu, möchte man ihm wünschen und darüber vergessen, daß das **Parkwunder** des weißen Schlosses eine um viele Jahre ältere Burgenvergangenheit hat, die, urkundlich belegbar, mit dem Jahr 1248 und dem Ritter Dietrich von Berge beginnt. Zwölf von Berge, drei von Backem erdienten sich das Vertrauen ihrer Erzbischöfe und Kurfürsten in mehr oder minder gehobenen Positionen, zu denen ihnen – nicht zuletzt – die Mitgift ihrer adligen Ehefrauen verhalf. Historisch wichtige Daten wie die der Statthalterschaft **Heinrichs von Backem auf Leythe (1425–35)** treten zurück gegenüber dem Mord an seinem Sohn, den Adrian Sobbe, der als **Ritter auf Grimberg** saß, erschlug. Woher die Feindschaft rührte, was mit dem Mörder geschah, scheint ange-

Haus Wittringen, Gladbeck

sichts der „ständigen Bedrohung durch den Köln'schen Feind" niemanden interessiert zu haben. **Adrian Sobbe,** 1485 ordnungsgemäß mit Grimberg belehnt, starb 25 Jahre später als Drost des Stiftes Essen; seine Gerechtigkeit war so gefürchtet, daß Neider ihn zu einem sagenhaften Raubritter verfälschten.

Wie die Wasserburg Berge durch Hartlieb von Backems Heirat 1521 an den märkischen Drost zu Wetter, Georg von Boenen, gelangte und 1550 anstelle der alten Rundburg ein neues wasserumwehrtes Herrenhaus erhielt, läßt sich dem Besitzkatalog der Freiherren von Boenen zu Berge und der Hauschronik entnehmen. Endgültig **Schloß** wurde Berge erst 1780/90, nachdem die Kaiser Joseph und Leopold II. dem Freiherrn Ludolf Friedrich Leopold bewilligt hatten, Rang, Namen und Wappen seiner Frau anzunehmen und Reichsgraf von Westerholt-Gysenberg zu werden. Goliaths, Davids und Apolls Figuren, die seit 1650 teils heute noch den Schloß- und den Gewürzgarten Berges bewachen, gelangten 1924 mit dem adeligen Gut und Teilen der Rittergüter Balken und Darl für 1,4 Millionen Goldmark in den Besitz der Stadt Gelsenkirchen.

Von **Haus Balken** in der buyrscap (Bauerschaft) **Sutum** an der Emscher sprechen Urkunden der Jahre 1307 und 1379. Sie bestätigen, daß Ritter von Balken Freischöffen der Feme waren und daß ihnen nach 1461 Ludeke de Unverzagede von Backem folgte. Erbstreitigkeiten und Schulden führten zu Gewalttätigkeiten, bei denen man sich gegenseitig versprach, „die helse zu brechen und das hertz im leibe abzustechen". Kein Wunder, daß das Herrenhaus des an die von Boenen auf Berge verkauften Rittergutes nach dem Dreißigjährigen Krieg verschwand.

Die **Wasserburg Darl,** ein kleines freiadeliges Gut **in Buer-Erle,** darf sich laut Urkunde auf das Jahr 1362 und die Abtei Werden berufen, ehe es 1533 heißt, der ritterliche Nachbar Alef von Backem habe es gekauft. Menschlicher berührt die Bittschrift, die die Schwester des Drosten Cordt von Darl nach dem Tod ihres Bruders an **Kaiser Karl V.** richtete. Die Erbin bat den Herrscher, das Erbe zugunsten der beiden unehelichen Söhne ihres Bruders ausschlagen zu dürfen, weil die „beiden Waisenkinder der Dorle keine Alimente und Trost auf Erden" hätten. Der große Kaiser war großzügig genug, beider Adel und Erbe anzuerkennen. Bewährt in Familienzwisten und im Von-Haus-zu-Haus-Krieg der nächsten zweihundert Jahre, läßt sich Haus Darl mit Lüttinghoff, Berge und Balken in Verbindung bringen. Der letzte, von den Kölnern nur geduldete Burgherr seines Namens war so verarmt, daß man ihn 1790 vor die Türe setzen – und hinter ihm die lange schon baufälligen Mauern abbrechen mußte.

Haus Leithe am Autobahndamm **bei Buer** gibt eine Vorstellung davon, wie Haus Darl und Balken vor ihrem Untergang ausgesehen haben mögen. Die breit vorgestemmten **Mauerpfeiler** vor dem ausgetrockneten Hausteich des Leythener Mühlenbachs haben den Umbau von 1860 überstanden und erinnern Wohlwollende daran, wie die **Wasserburg** Wennemars von Leythe 1377 ausgesehen haben könnte. Wie auf Lüttinghoff und etlichen anderen Burgen im Umkreis blieben im 14. Jahrhundert die männlichen Erben aus; Leythe gelangte als Spindel- oder

Haus Leithe I, Autobahn Buer

Burg Lüttinghoff, Marl-Polsum

Schloß Berge, Gelsenkirchen-Buer

Kunkellehen an Diederich von Backem, dessen Sohn Heinrich als vestischer Statthalter die Wasserburg **Berge** erwarb und die Erbtochter Fya von Balken heiratete. Ihrer beider Enkel war jener Diederich von Backem, der im Januar 1480 auf einer Schlittenfahrt zur Kirche in Buer von Adrian Sobbe getötet wurde. Obwohl bei dem Handgemenge auch seine Frau Mechtild verletzt worden war, wurde der Fall nicht wieder aufgegriffen. Diederichs Sohn übernimmt und übergibt sein Erbe an die von Ovellacker, die Leythe bis 1725 behielten. Damals muß das **Rittergut** noch repräsentativ genug gewesen sein, um von den Hertener Grafen Nesselrode-Reichenstein als Heiratsgut für würdig befunden zu werden.

Schloß Horsts „Steinerner Schatz" im Emscherbruch wird so oft zitiert, daß es schwerfällt, nach neuen Gesichtspunkten zu fragen, die erklären, warum gerade hier mitten im Sumpfgebiet ein solches Wunderwerk entstand, das – besäßen wir es noch – über Jahr und Tag einen nicht absehbaren Strom von Touristen anlocken müßte. Zuweilen wird behauptet, Horst sei um das Jahr 1000 ein befestigter Vorposten des fürstlichen Essener Damenstifts gewesen. Dafür gibt es keine Handhabe. Weder das Werdener Urbar von 890 noch die fünf bekannten Nordsüdpassagen weisen, was naheliegend wäre, unter Bladenhorst, Strünkede und Crange auf vorgeschichtliche Handelsbeziehungen mit Horst hin, das doch wegen seiner **Wildpferde** zumindest bei den Brukterern hätte bekannt sein müssen. An ein frühes Geheimdepot oder Widerstandsnest zu glauben, weigert sich der Verstand. Dann bleibt lediglich der Hinweis von 1100 auf ein **castrum horst,** das nicht einmal das unsere zu sein braucht, weil der Name Horst am Niederrhein wie an der Ruhr zwei- bis dreimal wiederkehrt.

Dennoch muß es frühere Daten gegeben haben. Wie sonst hätte der unruhige Kölner Erzbischof Siegfried von Westerburg Gelegenheit gefunden, 1282 die Bestimmungen der **Königsurkunde Rudolfs von Habsburg** zu sabotieren, mit der der „Mehrer des Reiches" die hervorragenden Verdienste des „entschlossenen, lieben, getreuen" **Arnold von Horst** rühmte und ihm zugestand, daß er neben seiner Burg Horst eine Stadt anlegen durfte mit den gleichen Rechten wie die Stadt Dortmund.

Horst ist nie Stadt und schon gar nicht königlich, kaiserlich oder freie Reichsstadt geworden. Der Würgegriff des Westerburgers lockerte sich auch nach der Niederlage bei **Worringen** nicht. Ein Jahr Haft auf Schloß Burg reichte nicht hin, den kriegssüchtigen Erzprälaten kirre zu machen, auch wenn es hieß, er habe selbst gesehen, wie sein Bruder neben ihm auf der Fühlinger Heide fiel. **Papst Nikolaus IV.,** vormals erster Ordensgeneral der Franziskaner, entband den Erzbischof von allen Eiden und Verpflichtungen, die er als Gefangener noch im Kettenhemd beschworen hatte. Klevisch unter den Grafen von Kleve (Graf Adolf III. von der Mark-Kleve, zuvor selbst Erzbischof von Köln und Bischof von Münster, belehnte 1363 die Horster mit der Gerichtsbarkeit des Vests Recklinghausen), bequemte sich **Rütger von der Horst** erst 1412, dem Kölner Erzbistum unter Friedrich II. von Saarwerden den Lehnseid zu leisten. Der war nicht knauserig und zahlte gut, wie er die Erben von Linn und ihren Amtmann Heinrich von Strünkede gut bezahlt hatte, während Kleve dazu überging, geiziger als vordem zu werden.

Schloß Horst, Gelsenkirchen

Daß Reformation und Gegenreformation nicht nur Sache des Glaubens, meist nur noch Sache des Geldes waren, erwies sich am Beispiel eines anderen Rütger von der Horst, den der mit ihm befreundete Erzbischof und Kurfürst Salentin von Isenburg zum **Marschall Kölns** und zum **Statthalter Recklinghausens** bestellte, ehe auch er, mehr Soldat als Bischof und ein Anbeter der Schönen, von seinem Hirtenamt zurücktrat und eine Gräfin von Ligny-Aremberg heiratete. **Salz aus Rheine,** das später den Raesfeldern zugute kommen sollte, und ein **Monopol,** das alle anderen Konkurrenten zwischen Rhein und Nordsee ausschaltete, machten den Marschall so reich, daß er sich im Emscherbruch ein wahrhaft königliches **Schloß** bauen lassen konnte, das in seiner Ausdehnung und Ausstattung alle ähnlichen Bauten weit zurückließ. Die besten flämischen, deutschen, französischen Bildhauer und Architekten hatten sechsundzwanzig Jahre lang **von 1552 bis 1578** Zeit, ihre kühnsten Vorstellungen zu verwirklichen. Auf den älteren Fundamenten „einer durch Brand zerstörten Burg“ entstand ein Wasserschloß mit vier Türmen und einer **Steinwerk-Bilderbuchfassade,** deren barocker Pomp niederländischer wirkte, als es den Kölner Katholiken lieb sein konnte. Sich niederländisch zu geben, hieß erasmisch, lutherisch oder reformiert zu sein. Angeblich soll Rütger von der Horst versucht haben, zwischen den kriegsführenden Parteien seiner Erzbischöfe, zwischen Spaniern und Geusen zu vermitteln. Als er 1581 starb, zeichnete sich der Truchsessische Krieg am Horizont ab, der auch das Land zwischen Lippe und Emscher verheeren sollte. Schloß Horst sackte ab; die Eichenbohlen im Sumpfgrund hielten dem Druck nicht stand. Rütgers Erben, söhnelos wie er, waren die von Loe, die von Büren und die von der Recke.

Wie der Freiherr **Ferdinand von Fürstenberg** 1706 mit einem Schnadzug – wir würden sagen Grenzgang – von Schloß und Freiheit unter dem Geläut der Glocken mit fliegenden Fahnen und anhaltendem Getrommel Besitz nahm, beschrieben Richter und Notare. Alles in allem war es ein Volks-, Sauf- und Frühstücksfest zwischen der **Großen Emscher** und der **Kleinen oder Märkischen Emscher.** 100000 Taler, ein Pachtvertrag für 50 Jahre, ein Prozeß vor dem Reichsgericht, der sich über 50 Jahre hinzog, und eine Abfindung von 76000 Talern für die Grafen von Westerholt-Gysenberg beschleunigten Verwahrlosung und Verfall. Nach dem West- und Südgiebel stürzte 1849 der Prunkgiebel des Herrenhauses ein. Der „Steinerne Schatz von Horst“ wurde verteilt, drei seiner **sieben Kamine** landeten im Schloß Hugenpoet, einer in der Burg Rheinstein. Was blieb, ist ein Viertel von dem, was 1587 zu sehen war, und heute **im Schloßmuseum des Restaurants** unter dem erneuerten **Erker** bewundert werden darf.

„Sie sollten nach Herten fahren“, hatte der Pächter von Haus Leythe gesagt. „Sie werden das Schloß nicht wiedererkennen.“ Warum es uns dennoch erst nach Westerholt zog, war weder mit dem Blick auf das Gelsenkirchener **Haus Oberfeldringen** (1297 Overveldering) noch mit unserer vergeblichen Suche nach dem verschwundenen **Haus Uhlenbrock** zu erklären. Zwar weiß der Heimatbund Gelsenkirchen in seinem Band Burgen und Schlösser 1960 zu berichten, daß ein Ritter Goswin 1293 bei einem Verkauf der Burg Westerholt an

Schloß Westerholt

Kölns Kirchenfürsten Siegfried von Westerburg zugegen war, doch reicht die Phantasie nicht aus, den leeren Platz mit historischen Daten zu füllen. Die Kreuz- und Querverbindungen mit Dortmund, Dorsten, Brabeck, Buer und Henrichenburg bezeugen nur, wie weit verzweigt und begütert das reiche Geschlecht der von Uhlenbrock war, als es 200 Jahre lang Richter, Bürgermeister und Räte für Recklinghausen stellte.

Schloß Westerholt hat den Vorzug, sich so offen zu zeigen, daß man nicht nach ihm suchen muß. Wer die ins Ruhrgebiet nach Gelsenkirchen verschlagenen **Lippe-Renaissance**-Reste von Horst gesehen hat, kann die Straße nach Norden und die Zufahrt zum Schloß nicht verfehlen. Selbst der **Westerholter Löwenpark** verführt nur zu mäßigen Umwegen – anders als die Geschichte des Hauses, die anfangs fragmentarisch und dunkel bleibt.

Ein Erntewagen modernster Bauart vor dem Rondell des Haupthauses und ein Fotoatelier im Anbau hinter dem Tor lassen den Besucher zweifeln, ob Westerholts Geschichte tatsächlich bis in die Zeit des heiligen **Sachsenkaisers Heinrich II.** zurückgeht und 1047 bereits eine Lehnsburg der **Abtei Werden** war. Doch das schwarzsilber geschachtete Wappen mit dem silbernen Schwan darüber ist alt. Den beiden 1193 dem Vest Recklinghausen dienenden **Ministerialen von Westerholt** könnte in eben diesen Jahren geglückt sein, als Ritter anerkannt zu werden. 1359 trug der Burggraf Wessel von Westerholt nach der Eroberung des Hauses durch **Erzbischof Wilhelm von Gennep** (gest. 1362) seine Wasserburg dem Erzstift Köln als Offenhaus an. Wessel selbst nahm 1387 noch als Vogt des Vests Recklinghausen an der Belagerung Dortmunds teil und geriet dabei in Gefangenschaft.

Seine Nachfolger Adolf und Bernhard behielten das von **Kaiser Karl IV.** verliehene Amt und die Verwaltung der 8½ Reichshöfe, doch scheint Westerholt groß genug gewesen zu sein, diverse Einlieger, sei es als Partner oder als Feind, hinzunehmen. Bannerherr, Gouverneur, Ritter vom Goldenen Vlies – ihre Titel wogen die Drangsale nicht auf, die sie im Truchsessischen wie im Dreißigjährigen Krieg über sich ergehen lassen mußten. Der **Burggraf Hermann von Westerholt** litt darunter, seine Burg abwechselnd von der bayerischen wie von der truchsessischen Partei erobert zu sehen. Ausgerechnet die Kölner ließen Westerholts Wälle schleifen, während die Hessen zwanzig Jahre später sich gleich zweimal in seinen Mauern einquartierten.

Das hat seinen Erben Hermann Hector kaum mehr beunruhigt; er „mußte 1619 wegen Geistesschwäche entmündigt werden". Der siebte Bernhard von Westerholt löste ihn ab. Es nützte nicht viel, die Verwandtschaft zu bemühen, weil die Vormünder keine bessere Entscheidung trafen als die Erben. 1708 stürzte **das alte Burghaus** ein; von da an diente die zwanzig oder dreißig Jahre zuvor errichtete Vorburg als Herrenhaus.

Wie es dem kurkölnischen Geheimen Rat und Oberstallmeister Ludolf Friedrich Adolf von Boenen gelang, durch seine Heirat mit der Gräfin und Alleinerbin Wilhelmine von Westerholt-Gysenberg seinen Freiherrntitel mit dem eines Grafen zu vertauschen, haben wir an anderer Stelle erzählt. Sein Sohn Carl Wilhelm baute 1830 nach einem Brand

Schloß Herten, Seitenflügel

den zweigeschossigen **Westflügel** zu einem Herrenhaus um, dessen Funktion 1952 das klassizistische „Vogelhaus" am Rand des englischen Landschaftsgartens übernommen hat.

Was der entschlossene Wille einer Stadt und Bürgergemeinschaft zuwege bringt, zeigt Herten mit seinem **Schloß Herten.** Wer nicht wie die „Bauaufsicht" einheimischer Spaziergänger über die Jahreszeiten hin die Wiederherstellung der bis vor wenigen Jahren noch unsäglich verkommenen **Schloßruine** im Auge behält, ist überrascht zu sehen, was in dem Park hinter dem Hertener Landeskrankenhaus geleistet wird. Angesichts so deutlicher Beweise guten Willens kommt einem tatsächlich der Gedanke: „Lieber Gott, laß den Hertenern bei ihrer Restaurierung das Geld nicht ausgehen."

Wer unser Bild mit dem vergleicht, wie es sich früher darbot und heute wieder darbietet, fragt kaum noch nach den Vorgängerbauten des Schlosses im **Waldpark,** zu denen 1092 ein Abtshof von Werden nahe der alten Hertener Kirche gehörte. Merowinger, die hier eine Turmhügelburg, Sachsen, die dreihundert Jahre später eine Wallburg angelegt haben, sind der lokalen Geschichtsschreibung nicht weniger vertraut als die Grafen von Herten, von denen niemand weiß, wer sie zu Grafen gemacht hat. Sichere Auskünfte über Ministeriale und **Ritter von Herten** sind vor 1286 nicht zu bekommen. Eine Burg gleichen Namens findet sich in einer Urkunde von 1376 – zwanzig Jahre nachdem die Herren von Galen den **Wohnturm am Holtzbach** bezogen hatten. Der Bau war so massiv, daß sich heute noch Reste davon im Keller des Nordflügels nachweisen lassen. Für die Ritter von Stecke, die von 1488 bis 1529 die Wasserburg bewohnten, wurde der Turm 1520 zum Grundstock eines Schlosses, an dessen Bau der Coesfelder **Baumeister Henrik de Suyr** beteiligt gewesen sein soll.

Wie im Bergischen Land, wo die großartige Karriere ihrer Adelssippe begonnen hatte, bewies auch **Bertram von Nesselrode** in Westfalen heiratspolitisches Fingerspitzengefühl. Der Erbkämmerer, Drost zu Horneburg und Statthalter von Recklinghausen, heiratete Hertens Alleinerbin Anna von Stecke und verstärkte den „gewaltigen Baw mit Vestungen und Wällen" so sehr, daß die Truchsessischen 1583 vergeblich dagegen anrannten. Trotz der fortwährenden Geldknappheit und der ständig wachsenden Zinsen (häufiger werden 20, 40 und sogar 100 Prozent nachgewiesen) gelang es den von Nesselrode nicht nur, sich von 1621 bis 1805 als vestische Statthalter zu behaupten, sie bauten auch ihr **Kastell** mit einer Perfektion aus, die nichts zu wünschen übrig ließ. Heute noch schwelgen die Handbücher in der Beschreibung der **Türme, Giebel** und des **Arkadenhofs,** nicht zu vergessen, des großen barocken Portals, das 1702 nach Neuausbau (1550) und Brand (1687) einen triumphalen Schlußpunkt setzte.

1908 wurde Grimbergs berühmte **Schloßkapelle** in Gelsenkirchen abgebrochen und in **Herten** mitsamt den Stifterfiguren Heinrich Knippings und seiner Frau Sibilla, die eine geborene von Nesselrode zu Stein und Herten war, wieder aufgestellt. Wie denn Preußens Soldatenkönig dem Grafen von Nesselrode im Juli 1734 befehlen konnte, der evangelischen Gemeinde in Grimberg eine Kapelle gleicher Größe zu bauen, läßt sich auch anhand des Entwurfs von Johann

Conrad Schlaun und der Ausführung durch den münsterschen Festungsbaumeister Retenbacher nicht enträtseln. Die Gemeinde Grimberg beklagte sich über den „schlechten Bau“, fand ihn weder zierlich noch anständig, und behauptete, daß er ganz simpel und einfältig fast wie ein Stall sei. Daß an reichere Herrschaften, die als Minister, Gesandte und Generalkriegskommissare turbulenter Jahrzehnte beträchtliche Gewinne erzielt hatten, stets höhere Anforderungen als an andere gestellt werden, konnte auch in Wien und Düsseldorf vor der Französischen Revolution niemand bezweifeln. Den Grundsatz schonungsloser Gleichheit befolgten erst die französischen Besatzungstruppen nach dem Ersten Weltkrieg (1923 bis 1925). Mit ihrem Abzug begann die Verwahrlosung, von der wir anfangs sprachen.

Ob ein Herr Ricold oder der Kölner Erzbischof Poppo 965 Gründer, Stifter oder Bauherr des „Reichshofs“ an der Dielenbrücke in **Recklinghausen** war, läßt sich mit Urkunden Kaiser Heinrichs II. (1017) nicht belegen. Bischofshof und Königsgut sind im Zusammenhang mit Erwitte auch dann nicht nachzuweisen, wenn man die alten Geschichten der Gräfin Adela vom Eltenberg und ihres Sohnes, des Paderborner Bischofs Meinwerk, ausgräbt. In Recklinghausen erweist es sich, wie fragwürdig manche Überlieferungen aus Altwestfalen sein können, je nachdem sich die Berichtenden auf Kaiserchroniken oder kirchliche Aufzeichnungen berufen.

Es stimmt beinah froh zu lesen, daß der erzbischöfliche Burgenaufkäufer Philipp von Heinsberg 1179 den ihm unterstellten Recklinghäuser **Königshof** hat befestigen lassen; seine Kölner Nachfolger waren ihm dankbar dafür. Pröpste, Dechanten, Advokaten, der Marschall Goswin von Alvetre, der Küchenmeister Theoderich und der Oberbrotmeister Reiner bestätigten 1236 **die Urkunde Heinrichs von Molenark,** in der ihr Erzbischof „seine geliebten und treuen Bürger von Recklinghausen“ wegen ihrer Dienste und Verdienste in Kriegs- und Notzeiten von fast allen Steuern und Abgaben befreite. Daß Stadtluft im Mittelalter nicht ganz so frei macht, wie gern behauptet wird, läßt sich an Belagerungen, Eroberungen und Feuersbrünsten ablesen: 1296 ließ Graf Eberhard II. von der Mark Recklinghausens Befestigungen und Wälle einebnen. 1344 sah die Stadt Adolf II. von der Mark in ihren Mauern, ehe sie Erzbischof Walram von Jülich wieder befreien konnte. Ein neuerlicher Vorstoß ein Jahr später ist bei Freund und Feind derart umstritten, daß wir weder der Darstellung des Kanonikus **Levold von Northof** noch Kölns Chroniken trauen.

Von den 5 Toren und 16 Türmen der Stadt ist nichts übriggeblieben außer dem **Stephansturm** und dem mit ihm durch ein Stück Stadtmauer verbundenen Wachtturm im Garten der **Engelsburg.** Recklinghausen in seinem Panzer aus Steinen für „unerkämpfbar“ zu halten, erwies sich als trügerisch, vor allem nachdem Erzbischof Dietrich von Moers sich auf die Soester Fehde eingelassen und 1444 das Vest an Johann von Eickel und 1446 für 17500 Gulden an Johann von Gemen verpfändet hatte. 1609 hieß es allgemein, es gäbe keine ärmere Stadt „alß dieße Statt Recklinghusen“. Der Bau der ursprünglich **Bissinghus** genannten Engelsburg durch den kurfürstlichen **Richter Clamor Ernst Münch** („nach dem Vorbild münsterscher Adelshöfe“) muß 1701 so etwas wie ein Signal für den wirtschaftlichen Wiederaufstieg der Stadt gewesen sein. Der Dreiflügelbau in der Augustinessenstraße mit seinem Sandsteinportal und dem Ehrenhof war noch nach 120 Jahren „Schloß“ genug, um darin die herzoglich arembergische Verwaltung mit dem Geheim- und Hofkammerrat Landschütz an der Spitze unterzubringen. Den Herzögen verdankt der Gartensaal seine schöne barocke Stuckdecke und das Wappen mit den drei Mispelblüten über dem Kamin, das nun die Gäste des Hotelrestaurants willkommen heißt.

Sich gegen Kölns Übergewicht **im Vest und an der Lippe** zu behaupten, war der nie ganz aufgegebene Traum mancher Adelsherren, auch wenn sie sich notgedrungen der Übermacht an Geld und Waffen unterwerfen mußten. Zu den Opponierenden gehörten auch die von **Oer,** die es sich selbst nicht verzeihen mochten, so früh vor den Kölnern kapituliert zu haben. Ihr Stammsitz Oer, vier Kilometer nordöstlich von Recklinghausen, ebenso als **Königshof** ausgewiesen, war kurz nach 1200 Eigentum des Kölner Domkapitels geworden. Die Oer selbst verwalteten als Erbschultheißen des vestischen Reichshofs weitere 80 Bauernhöfe, die Erzbischof Adolf I. von Altena 1204 vor seiner Amtsentsetzung durch Papst Innozenz III. an sich gebracht hatte. 1389 erst war **Heidenreich von Oer** unabhängig genug, die Herrschaft zu erwerben und die **Horneburg** bei Recklinghausen zu seinem Wohnsitz auszubauen.

Heidenreichs Nachfolger Heinrich verbündete sich mit Rütger von der Horst, um gemeinschaftlich mit ihm gegen Recklinghausen und den Erzbischof Friedrich von Saarwerden seine Ansprüche im Emscherbruch durchzusetzen. Dessen Nachfolger **Dietrich von Moers** (1414–63) stürmte die Horneburg und zwang den von seinem Verbündeten im Stich gelassenen Ritter von Oer, alle Güter im Vest herauszugeben und seine Wasserburg zu räumen. Gleichzeitig verpfändete der Erzbischof den Burgsitz an **Johann von Gemen,** der 1446 daran ging, die brandgeschwärzten Mauern durch ein slot zu ersetzen, das 1492 durch die Heirat seiner Erbtochter Cordula an Kleves Erbmarschall Goswin Stecke und mit ihrer zweiten Ehe 1502 an den Grafen Johann von Holstein-Schaumburg kam. Graf und Gräfin wurden wie ihre Erben in der noch erhaltenen **Schloßkapelle** begraben.

Horneburgs Pfandauslösung gab Kurköln nach 1576 Gelegenheit, die Feste als **Residenz** für ihre Statthalter und die kurfürstlichen Vögte des Vests zu verwenden. 1646 wurde das quadratisch um einen Binnenhof angelegte Schloß von Soldaten des französischen Marschalls Turenne niedergebrannt. An die Stelle der auf einer Rundinsel angelegten, aber nicht wieder errichteten Hauptburg traten schloßartige, mit zwei Rundtürmen ausgestattete Neubauten auf dem Platz der Vorburg. Die Säkularisation brachte 1803 die Herzöge von Aremberg in den Besitz des Vests. Sie verwendeten den heute noch erhaltenen Ostflügel als **Amtshaus;** der Südflügel mußte 1830 abgebrochen werden.

Siebenteufelsturm Haltern

Halterns römischer Ruhm droht in Vergessenheit zu geraten, seit der Archäologische Park in Xanten ihm unter Verzicht auf Siegfried und den Heiligen Viktor beim Publikum die Schau stiehlt. Augustus, Drusus, Tiberius, Germanicus waren in **Halterns Häfen, Feldlagern und Kastellen** mindestens ebenso – wenn auch nicht ganz so bequem – zu Hause wie am anderen Niederrheinufer. Nach den uns vorliegenden Funden müssen Halterns Gefechts- und Etappenberichte zu ihrer Zeit sogar wesentlich mehr Aufsehen erregt haben als Xantens Amphitheater-Spielplan. Schließlich gilt das befestigte Lager auf dem **St. Annaberg** über der Lippe als eines der wenigen Dreieckskastelle aus der Zeit des großen Kaisers Augustus, der alle Welt schätzen ließ.

Während neue Buchveröffentlichungen immer wieder auf Haltern hinweisen, blieb in der Goldstraße **das römisch-germanische Museum** des Halterner Altertumsvereins von 1899 bisweilen auch an Öffnungstagen geschlossen, so daß die Besucher gar nicht umhin konnten, sich in der Stadt nach dem **Rathaus von 1577** und nach dem noch älteren **Siebenteufelsturm** von 1502 umzusehen, der mit seinen **Schießscharten** und dem umlaufenden Spitzbogenfries an die Streit- und Fehdezeiten der ehemaligen Stadtbefestigung erinnert. Vielleicht fehlt uns für Halterns Größe das richtige Augenmaß nur deshalb, weil wir keine Vorstellung von der strategischen Bedeutung dieser Grenzfestung während der letzten 2000 Jahre haben. Dem abzuhelfen genügt es, sich daran zu erinnern, daß das einstige Halathra 1289, ein Jahr nach Düsseldorf, Stadt geworden ist.

Warum ausgerechnet das Waldheideland **an Lippe und Stever** sich als geschichtsträchtig erweist, läßt sich durch Fakten belegen, doch höchstens mit Vermutungen begründen. So ist zum Beispiel das zu Halterns Kirchspielgemeinde gehörende **Haus Sythen** in Sythen ein spätes Echo großer Vergangenheit: 758 – heißt es in den knapp dreißig Jahre später entstandenen karolingischen Reichsannalen – sei König Pippin nach Sachsen gezogen, wo er „in einem Ort, der **Sitnia** heißt, tapfer in die Befestigungen der Sachsen eindrang". Sieht man davon ab, daß **Karl Martell** bereits 715 und 718 von der Lippemündung aus zu zwei Raubzügen in diesem Gebiet vordrang, stellt sich die Frage, was hier außer den **300 Wildpferden,** die Pippin als jährlichen Tribut forderte und erhielt, zu holen war. Karl der Große hat es nicht verschmäht, 779 seinen Rachefeldzug für den sächsischen Vorstoß nach Deutz und Koblenz von hier aus zu führen. Dabei war klug genug, **Bossendorf** auf dem Südufer der Lippe als Nachschubbasis und Königshof beizubehalten. Ähnliche Überlegungen scheint es für Sythen nicht gegeben zu haben.

Erst sein enger Verbund mit **Hagenbeck und Lippramsdorf** erinnert an die Höfe, die Bischof Wolfhelm von Münster der Abtei Werden schenkte. 1017 griff Kaiser Heinrich II. auf Königs- und Reichsbesitz zurück, um seinem Freund, dem Paderborner Bischof Meinwerk und Grafen von Hamaland, ein Gut in Sythen zu stiften.

Von der **Wasserburg Sythen** berichten erst die Chroniken des 14. Jahrhunderts. Verwandte der Ritter von Hagenbeck, die 1217 den Fährübergang der Lippe am ehemaligen Römerlager **Holsterhausen** kontrollierten, bauten ihr Haus auf zwei Inseln zwischen dem Sythener Sand- und Mühlen-

Haus Sythen bei Haltern

Haus Ostendorf bei Lippramsdorf

bach. 1496 unterstrich eine eigene **Schloßkapelle** die Bedeutung des Rittersitzes, dessen um 1630 mit Schießscharten versehenes Vorburg-**Torhaus** mit den Jahren auch den häufigen Wechsel der Besitzer überstand. 1728 waren es die Freiherrn von Fürstenberg, 1821 die Grafen von Westerholt-Gysenberg. Ein spätklassizistischer Bau auf dem Burgplatz ersetzte 1850 das Herrenhaus und diente längere Zeit der Caritas als Kinderheim.

Die kastellartige Ansicht von **Haus Ostendorf** an der Bahnlinie Haltern – Wesel, anderthalb Kilometer südöstlich von **Lippramsdorf,** verspricht seit dem Brand von 1934 ein Zuviel an Geschichte, die sich nur noch an den Kellergewölben der alten Burg ablesen läßt. Der wasserumwehrte und befestigte Hof kam um 1280 durch Heirat an den Ritter **Gerlach von Steenhues,** dessen Sohn Ostendorf 1316 dem Fürstbischof von Münster, Ludwig II. von Hessen, als **Offenhaus** überließ. Zu seinen Erben Ostendorfscher Herkunft gehörte Iohann von Raesfeld, der 1358 Haus und Freiheit übernahm. Bitter von Raesfeld entriß bei einem gemeinsamen Waffengang mit den Herren von Gemen dem Ritter Wennemar von Heiden den südlichen Teil seiner Freigrafschaft, für den Ostendorf 1491 anstelle von Lembeck Gerichtssitz wurde. Nach fast vierhundert Jahren unter den Raesfeldern kehrte die ehemalige Wasserburg 1825 durch die **Grafen von Merveldt** in Lembeck zu ihrer ursprünglichen Oberherrschaft zurück.

Junker, Ritter, Justitiare

Ungeschlacht schwere Turnierpferde waren zwar der Schrecken der Moslems, doch behinderten sie ihre Ritter während der Kreuzzüge, weil sie das ungewohnte Klima Palästinas nicht vertrugen, während die Abkömmlinge ihrer **Wildpferde** aus dem **Emscherbruch** sich besser eingewöhnten. Die „Emscherbrücher Dickköpfe“ waren wegen ihrer Genügsamkeit und Ausdauer im Westfälischen so beliebt, daß in der zu Wanne-Eickel (jetzt Herne) gehörenden Bauerschaft **Crange** durch die Jahrhunderte hin ein Pferdemarkt entstand, auf dem die eingefangenen Wildlinge ohne Zwischenhändler zum Verkauf angeboten wurden. Die Zunft der Pferdestricker, die sich darauf spezialisiert hatte, die zur Wildzucht ausgesetzten Tiere einzufangen, war so berühmt, daß der Essener Stiftsmarschall als Herr des Wildbanns außer einem zusammengelegten Fangseil **ein Pferdepram im Wappen** führte. Dieser zangenähnliche Nasenbremse-Knebel wurde den Pferden im Emscherbruch auf die Nüstern geklemmt, um so die eingefangenen Tiere rascher zu bändigen.

Früher war die Emscher so fischreich, daß die Bauern jedes Jahr ihre am Laurentiustag zum **Pferdemarkt in Crange** eintreffenden Freunde mit Bratfisch bewirteten. Aus der später mit dem Markt gekoppelten Fisch- oder Hechtkirmes entwickelte sich die **Cranger Kirmes** (obwohl es seit 100 Jahren keine Wildpferde mehr gibt) zu einem der größten Volksfeste des westfälischen Ruhrgebiets. Am Ende des Kirmesplatzes, dort, wo Jahr für Jahr vor und nach dem 10. August die größten Wohnwagen der Schausteller ste-

Haus Crange in Herne

hen, liegt ein äußerlich unansehnlicher, kaum gegliederter Klotz: **Haus Crange.**

Von der ursprünglichen Anlage im Emscherbogen, die der alten Burg thom Krange = zur Windung ihren Namen gab, blieb nicht viel übrig. Acht noch aus dem 18. Jahrhundert erhaltene Häuser der einstigen Freiheit verdecken die längst zugeschütteten, zwischen Gärten noch erkennbaren Gräben. Das feste, 1440 angelegte Haus des Ritters **Dietrich von Eickel** diente als Brückenkopf der Grafschaft Mark und nach 1441 Herzog Johann I. von Kleve als Vorposten gegen die Kurkölner Recklinghausens. Freiheit durfte sich Crange erst vierzig Jahre später nennen, nachdem es eine eigene, dem Heiligen Laurentius geweihte Kapelle erhalten hatte; der Neubau von 1855 steht an anderer Stelle.

1545 lassen sich im Güterverzeichnis des Ritters Heinrich Knipping auf Grimberg zwei Halbpachthöfe eines Wolter und eines Palm to Crange nachweisen. Ein **Junker von Eickel zu Crange** soll 1540 beim Streit um einen Ziegelofen den Vater des Grimberger Burgherrn erschossen haben. Durch die Ehe der Erbtochter Petronella von Eickel wird 1637 Christoph von Rumpf Herr auf Crange. Während der Diskussionen um die Schiffbarmachung der Emscher, die 1774 den **Kohlenweg Crange – Dorsten** entlasten sollte, geriet die Wasserburg in Vergessenheit. 1884 im Besitz der Grafen von Galen, später der von Landsberg-Velen, soll Haus Crange im Innern seine Balkendecke und **zwei Kamine** bewahrt haben, von denen nichts Näheres berichtet wird.

Christliche Siedler, die sich um 800 im Gelände einer vorchristlichen Ansiedlung heidnischer Brukterer niederließen, gaben ihren Höfen den Namen **Harani = Herne,** unter dem sie 890 im ältesten Güterverzeichnis der Abtei Werden geführt werden. Gäbe es keine anderen Hinweise als die Funde vom Gysenberg, bliebe im Herner Raum immer noch die Frage nach dem Emscherübergang bei **Strünkede** und seinen Burgen offen. In der angrenzenden Bauerschaft Baukau, südwestlich des Schlosses, gehen die Historiker, ohne sich genauer festlegen zu lassen, auf eine **Wallburg** aus dem 10. und eine **Turmhügelburg** aus dem 11. Jahrhundert ein. Das erscheint mager angesichts der Gleichstellung des Edelen Heinrich von Strünkede mit dem Grafen Dietrich von Moers und Bischof Johann II. Hoet von Osnabrück, die **Kaiser Karl IV.** in einem Atemzug nannte, als er 1361 dem Kölner Erzbischof Wilhelm von Gennep bestätigte, daß er allein „Freigrafen (der Feme) machen, creieren und belehnen dürfe". Die Gleichstellung der vor 1142 nirgends zitierten Herren von Strünkede läßt vermuten, daß ihr Geschlecht wie ihre Herrschaft bedeutend und – wie ihre Burgen – wesentlich älter war. Dafür den Beweis antreten zu wollen, erübrigt sich, weil bei Ausgrabungen ihrer Burg nur einige Fundamentbruchstücke freigelegt werden konnten, die offensichtlich ein zweites und drittes Mal benutzt worden sind. Fast genau sechshundert Jahre – von 1142 bis 1741 – standen die Ritter von Strünkede stets im Brennpunkt politischen Geschehens, so daß sich ihr Weg vom Vasallen der Grafen von Kleve bis zum Feind der Grafen von der Mark und der Erzbischöfe von Köln vor- und rückwärts verfolgen läßt. Ihre Burg, oft berannt, erobert und zerstört, erstand immer wieder neu und jedesmal stärker. Jähzornige Gesellen, die Kaiser und Herzöge und die

Schloß Strünkede in Herne

ganze Adelsclique herausforderten, nahmen **Kerkerhaft und Reichsacht,** selbst lebenslängliche Gefangenschaft in der eigenen Burg auf sich, weil sie sich ihr Recht nahmen, wenn man es ihnen verweigerte. Deshalb stempelten manche Zeitgenossen sie zu Raubrittern, um sich dann doch ihrer Schwerter und ihres Mutes zu bedienen, wenn neue Fehden alte Fronten verschoben. Daß sie sich schon früh zum Protestantismus bekannten, haben ihnen die Kleriker nie verziehen. Als voll und toll verschrien und im Lied zum Kinderschreck entstellt, erwiesen sie sich ebenso zäh wie tollkühn. Der angeblich geistesgestörte und zu „ewig Gefängnis" verurteilte Reinhard von Strünkede wurde 80 Jahre alt. Von seinen gelehrten Urenkeln und Freiherrn ist seltener die Rede. Erst das 1672 an der **Schloßkapelle** ausgetragene Duell, das für den Rittmeister Friedrich Wilhelm von Strünkede ebenso tödlich ausging wie für seinen Kontrahenten, einen Junker von Hundt, paßte der Umwelt wieder ins überlieferte Vorstellungsklischee. Dem Aufstieg bis zum Präsidenten der klevisch-märkischen Regierung in Kleve entsprachen Verschuldung und Niedergang: Erben um drei Ecken herum, die längst nicht mehr den Namen Strünkede trugen, mußten Konkurs anmelden. **Das 1664 vollendete Renaissance-Wasserschloß** des Gerhard von Strünkede (mit dem 150 Jahre älteren Wohnturm an der Zufahrtseite) beherbergt seit 1927 das **Emschertal-Museum,** das außer der Geschichte der Strünkeder Burg mit Waffen und Funden der Steinzeit bis zur Kunst unserer Gegenwart aufwartet.

Einen nicht unbeträchtlichen Platz nehmen dabei die Funde von **Gysenberg** ein, die von der Wasserschöpfstelle des Ostbachs wie vom Berg selbst stammen und beweisen, daß das Gelände in Herne-Sodingen von der Vorrömerzeit bis ins spätere Mittelalter besiedelt war. Während **Haus Sodingen** im gleichnamigen Bachtal – 1313 im Besitz eines Adams von Sodingen, 1644 mit Strünkede vereint – unterging und wie der **Rittersitz Alstätte** zur Wüstung wurde, blieb im **Revierpark Gysenberg** ein Wohnstallhaus von 1800 erhalten. Die Wappenkartusche erinnert an seine ursprünglichen, seit dem 13. Jahrhundert hier lebenden Herren von Gysenberg, deren ritterlicher Name 1780 mit dem der Grafen von Westerholt vereinigt wurde. Stadtwald und Tierpark, Wellenbad und Mühlenteich rahmen das Haus auf dem Hügel ein. Von den 12 bronzezeitlichen Hünengräbern, die vor dem Zweiten Weltkrieg unter Denkmalschutz standen, spricht niemand mehr, obwohl Herne bei den Engländern, weil es von Bomben verschont blieb, eine Zeitlang das „Goldene Herne" hieß.

Haus Goldschmieding an der Ringstraße von Castrop übt sich in der Zurückhaltung eines gepflegten Restaurants, die voraussetzt, daß der Besucher weiß, wie groß die ehemalige **Wasserburg** mit ihrem Rundturmrest war, als Johann von Vittinghoff-Schell zu Rechen und seine Frau Anna Margarete von Ovelacker 1583 bis 1597 ihr neues Herrenhaus errichten ließen. Als Erben der seit 1275 urkundlich nachweisbaren Herren von Goldschmieding ließen die wechselweise eingeheirateten Nachfolger es ihrem **Renaissanceschloß** an nichts fehlen: Goldschmieding muß nach seiner Fertigstellung Schloß Horst geähnelt haben. Der reich gegliederte **Prunkkamin** im Innern verspricht seit 1597 mit den Allianzwappen der von Schell und Ovelacker, Gott allein die Ehre zu geben, doch lassen die acht reich

Kellertür Schloß Strünkede

Haus Gysenberg Revierpark Herne

Haus Goldschmieding, Castrop-Rauxel

gegliederten Relieffelder über dem Sturz erkennen, wie doppeldeutig die Widmung bleibt. Zwischen Göttern und Heroen stellen acht Triumphzüge neben den Tugenden auch die Laster des Menschen dar. Deshalb müssen Petrus und Paulus die den Kaminaufsatz tragenden Säulen stützen und dem Triumph des einst märkischen Lehens den rechten Sinn geben.

1849 war im **Bädeker** über die Fahrt von Dortmund nach Düsseldorf mit der Köln-Mindener Bahn zu lesen: „Der alte **Rittersitz Bladenhorst** rechts, in dessen unmittelbarer Nähe der Zug vorübersauset, ist Eigentum der Freiherrn von Romberg." Die ältere Vorstellung von einer altsächsischen **Sperrfeste an der Emscher** war wohl nicht jedermanns Geschmack, wie denn auch niemand mehr nach dem Zweiten Weltkrieg die Überzeugung teilen wollte, Castrop-Rauxel im Brukterer Gau habe 693 bereits zum Stammesherzogtum Sachsen gehört und sei erst später auf dem Umweg über die Benediktinerklöster Werden (834) und Deutz (1019) geschichtlich in Erscheinung getreten. Es ist nicht bekannt, ob Dietrich und Rutger von Blarnhorst 1266 als Vasallen des Grafen Dietrich von Kleve den Schwan, die Lilienhaspel oder den Gralskarfunkel im Wappen trugen (die Sage vom Schwanenritter war damals noch keine 50 Jahre alt), doch scheint sich die Wache am Überweg gelohnt zu haben, denn 1332 versah ihr Nachfolger, der Ritter Rütger von Düngelen, sein Slot Bladenhorst mit einer **Kapelle.** Das Eigengut war selbst als Offenhaus der Klever Grafen reich genug, die Kapelle der von Düngelen mit einem **Gabelkruzifix Bernhards von Waltrop** auszustatten, das heute (1352 datiert) in der Propsteikirche von Bochum hängt.

Bladenhorsts große Zeit begann 1496, als **Philipp von Virmund** die Erbtochter Beatrix heiratete und ähnlich aktiv wurde wie seine hessische Verwandtschaft am Niederrhein. Philipps Söhne Johann und Hermann machten sich daran, ihre Wasserburg durch ein Schloß zu ersetzen, doch als der Älteste dem Landgrafen Philipp von Hessen als Obrist in den Schmalkaldischen Krieg folgte und 1548 nicht zurückkehrte, stockte der Bau. Daß Kaiser Karl V. – wie sein kaiserlicher Bruder in Wien – von den Virmunds Bußgelder wegen des Verrats an der gut katholischen Sache eintreiben ließ, brachte den Enkel Philipp dazu, evangelisch zu werden. Als der Siebenundzwanzigjährige 1563 den halbfertigen Bau übernahm, brauchte er weitere zwanzig Jahre, um das **Schloß mit seinen vier Flügeln** von je 30 Metern Länge zu vollenden. **Das Torhaus** mit seinem Treppengiebel, der umlaufende grüne Kachelfries, die Ecktürme und die in Westfalen sonst nirgends vorhandenen **Bärmauern,** die wie kleine Brücken die Binnengräfte überspannen, lassen auch heute noch erkennen, wie sehr Bladenhorst schon im 15. und 16. Jahrhundert aus dem Rahmen fiel. Sein Torhaus wurde zum Vorbild für das Dortmunder Schloß Brünninghausen, von dem die späteren Erben, die **Freiherrn von Romberg,** stammten. Sie machten die Erbschaft der mit ihrem Großvater Caspar verheirateten Anna Theodora von Virmund erst 1734 zu ihrem Wohnsitz. Einige Neuerungen, die den Schloßcharakter unterstreichen sollten, ließen anstelle der Burgwälle Gärten entstehen, während die Barockkapelle und Grablege von 1742 dem Konvertiteneifer des 1836 wieder katholisch werdenden Konrad von Romberg zum Opfer fiel. Ihr Ersatz, eine neugotische Kapelle von 1867, mußte 1942 abgebrochen werden.

Vorburgturm Schloß Bladenhorst

Haus Voerde bei Bladenhorst

Haus Ickern, das die von Düngelen auf Bladenhorst zeitweilig übernommen hatten, wurde im August 1944 durch Bomben bis auf einen klassizistischen Pfeiler zerstört.

Vom Burghaus des Ritters Dietrich von Vörde blieb am Bahndamm hinter Bladenhorst das Wohnstallhaus **Voerde,** ein ehemaliges, früher von Wasser umgebenes **Brauhaus,** erhalten. Bewohner und Reiter, die hier Stall und Reitplatz haben, sprechen wohl deshalb vom **Junkernschlößchen,** weil in der Besitzerliste des 1266 erstmals genannten Adelshofs die Namen so gewichtiger Herren wie die der von Eickel, von Grimberg, von Westerholt und von Romberg erscheinen und so dem Idyll eine Bedeutung geben, die es nicht hat.

Aus einem Reichsgut und Lehen der märkischen Grafen entwickelte sich 1243 eine Freiheit, die dem **Emscherübergang** ihren Namen **Mengede** gab. Von wann ab sich die Burgherren ebenfalls von Mengede nennen durften, ist der Urkunde von 1306 nicht zu entnehmen. Wie es scheint, haben die Teilhaber ihres Freigerichts, die von Bodelschwingh, sie nach 1480 aus **Amt und Burg** verdrängt. 1723, acht Jahre nachdem die Droste zu Vischering die Wasserburg erworben hatten, erhielt Mengede ein Herrenhaus mit einem Mansarddach. Dessen Ruine ließ die Stadt Dortmund 1968 bis auf die Kellermauern abbrechen.

Von **Haus Rittershove** in Brüninghausen-Mengede spricht niemand mehr, obwohl die kleine Wasserburg an der Emscher ursprünglich zum Reichshof Mengede gehört hat. Nach 1472 verkauften die **Brüder von Strünkede** Rittershove an die von Bodelschwingh. Die Burg der Grafen von Spee, 1831 abgebrannt und nicht wieder aufgebaut, blieb seitdem Wüstung.
Beide, Mengede wie Rittershove, seit 1928 im Stadtbereich Dortmunds, erinnern daran, wie alt die Wurzeln dieser Landschaft sind. **Römersage** und **Thidrekslied** lassen allzu leicht vergessen, daß sie weiter zurückreichen als unsere Überlieferungen.
Dortmunds Burg Thorta, vor der ein Nibelungenrecke angeblich mit einem Mann König Attilas verhandelte, erst recht die von Römern belagerte **Burg Munda,** die den Dortmundern ihren Namen **Trotmanni** (Trutzmänner) gegeben haben soll, sind nichts anderes als Schattenspiele der Geschichte, deren Wahrheiten wohl zu ahnen, aber nicht mehr zu begreifen sind.

Nicht bestreiten lassen sich dagegen die alten Schreibformen des Namens Dortmund, die sich von Trutmania (899) über Trutmunde (1166) bis Dirtmunde (1241) immer wieder verwandelten und bis in unsere Tage das so archaisch wirkende **Tremonia** beibehielten. Daß es ähnliche Namen auch jenseits der Maas und bis ins Französische hinein gegeben hat, ist bekannt. Dennoch hat bisher niemand das Beispiel der **Kathedrale von Chartres** aufgegriffen, deren keltischer Brunnen einmal ebenso heilende Wasser gespendet hat wie die Quellen des Dortmunder Hellwegs und deren Skulpturen am Südturm an das keltische Wort truth = Wildschwein erinnern. Heidnisch-heilig verehrt und verzehrt, weist der Eber nicht nur auf Fruchtbarkeit und Kampf, sondern auch auf Eichen und Druiden hin. **Keltische Truthmanni** in solchem Zusammenhang neu zu sehen, bleibt wohl jenen überlassen, denen Asterix und Wildschweinbraten von ihren Komikheften her vertrauter sind als uns.

Burgen- und Ortsverzeichnis

Bildseiten: Fette Ziffern
Textseiten: Normale Ziffern

Band 2 beschreibt die Burgen in und um Dortmund, den Hellweg von Unna bis Erwitte, die Rittergüter der Ruhr zwischen Hattingen und Neheim-Hüsten und, längs der Lippe, Schlösser und Ruinen von Datteln-Lünen bis Hamm und Hovestadt.

Band 1 beschreibt Duisburg, Mülheim, die Ruhr bis Essen einschließlich Wattenscheid; die Burgen und Schlösser zwischen Oberhausen, Gelsenkirchen, Herne, Castrop-Rauxel und im Lippegebiet die Adelssitze von Hünxe bis Recklinghausen.

Das Titelfoto zeigt die Vorburg von Schloß Bladenhorst in Castrop-Rauxel, die Einbandrückseite den Innenhof von Haus Kemnade an der Ruhr bei Bochum-Stiepel.

Karl Bädeker (1801–1859) änderte die Schreibweise seines Namens in Baedeker mit Rücksicht auf die fremdsprachigen Ausgaben. Seine „Rheinreise von Basel bis Düsseldorf“ erschien 1849 noch in der alten Schreibform.

** Museen oder zur Außenbesichtigung * freigegeben (Revierpark, Jugendherberge u. a.)

Für die Mercator-Bücherei schrieb Karl Emerich Krämer

Von Burg zu Burg durchs Ruhrgebiet
Band 1 und 2

Von Burg zu Burg am Niederrhein
Band 1 und 2

Von Burg zu Burg durch die Eifel

Von Burg zu Burg durch den Westerwald

Von Burg zu Burg zwischen Köln und Aachen

Von Burg zu Burg zwischen Köln und Siegen

Von Burg zu Burg durch Westfalen

Unbekanntes Westmünsterland

Das Ruhrtal in Westfalen

Das untere Ruhrtal

Die große Straße von Aachen bis Helmstedt

Kirchen und Klöster am Niederrhein

Weiterhin sind in der Mercator-Bücherei erschienen

Der Naturpark Hohe Mark

Närrische Volkskunst

Krefeld heute – nach 600 Jahren

Am schönen Niederrhein

Natur am Niederrhein

Mensch und Mundart am Niederrhein

Geschichtliche Geschichten aus Duisburg

Bauernhäuser am Niederrhein

Wittelsbacher Schlösser am Rhein und in Westfalen

Außerdem schrieb Karl Emerich Krämer für unseren Verlag

Die stummen Zeugen
Historische Stätten des Niederrheins

Mercator – eine Biographie

Burgen in und um Düsseldorf

Burgen in und um Krefeld

Von Brühl bis Kranenburg
Burgen, Schlösser, Tore und Türme, die man besichtigen kann

Sandfort
Botzlar
Dahl
LIPPE
Cappenberg
Löringhoff
Wilbringen
LÜNEN
Reck
Schwansbell
KAMEN
Wenge
Heeren
Heyde
Bodelschwingh
UNNA
DORTMUND
Dellwig
HOLZWICKEDE
Rodenberg
Brünninghausen
Niederhofen
RUHR
SCHWERTE
WITTEN
Steinhausen
Hohensyburg
Villigst
HERDECKE
Husen
Wetter
Werdringen
Hove
Mallinckrodt
Volmarstein
HAGEN
Busch